AF455872

DISCOURS

PRONONCÉ LE 30 JANVIER 1890

A LA SÉANCE SOLENNELLE DE RENTRÉE

DE LA CONFÉRENCE DES AVOCATS DE MARSEILLE

PAR

Me Louis BARNIER

AVOCAT

IMPRIMÉ EN VERTU DE LA DÉLIBÉRATION DU CONSEIL DE L'ORDRE
EN DATE DU 21 FÉVRIER 1890

LES

LOIS SUR LA PRESSE

MARSEILLE
TYPOGRAPHIE ET LITHOGRAPHIE BARLATIER ET BARTHELET,
Rue Venture, 19.

1890

RENTRÉE

DE LA

CONFÉRENCE DES AVOCATS DE MARSEILLE

DISCOURS

PRONONCÉ LE 30 JANVIER 1890

A LA SÉANCE SOLENNELLE DE RENTRÉE

DE LA CONFÉRENCE DES AVOCATS DE MARSEILLE

PAR

Me Louis BARNIER

AVOCAT

IMPRIMÉ EN VERTU DE LA DÉLIBÉRATION DU CONSEIL DE L'ORDRE
EN DATE DU 21 FÉVRIER 1890

LES

LOIS SUR LA PRESSE

MARSEILLE

TYPOGRAPHIE ET LITHOGRAPHIE BARLATIER ET BARTHELET,

Rue Venture, 19.

—

1890

LES LOIS SUR LA PRESSE

DISCOURS

Prononcé à la Séance Solennelle de Rentrée de la Conférence des Avocats de Marseille

MONSIEUR LE BATONNIER,

MESSIEURS ET CHERS CONFRÈRES,

Celui auquel ses confrères du stage ont réservé l'honneur très immérité de prononcer le discours de rentrée, n'est certainement point un ingrat. Il a compris et apprécié, comme c'était son devoir, l'indulgente bonté dont on a fait preuve à son égard, et qui est due, non point à son mérite, il ne saurait se faire d'illusions à ce sujet, mais à l'amitié profonde et durable qu'il est heureux d'avoir inspirée. — Il ne vous demandera pas d'être indulgents pour lui ; il sait qu'il peut compter sur votre bienveillance, l'ayant maintes fois expérimentée — Mais il vous doit un aveu, celui de l'embarras extrême dans lequel il s'est trouvé, lorsque, l'orgueil bien naturel dont vous étiez la cause s'étant dissipé, le sentiment de la lourde tâche que votre choix lui imposait s'est emparé de lui.

Quel sujet choisir, en effet, pour ce discours de rentrée, qui fût à la fois intéressant et utile ? Certes, mon embarras était grand ! Devais-je vous parler de notre profession, de ses origines, de son histoire, de ses lois ? Cela a déjà été fait, et si admirablement ! Devais-je essayer de faire revivre devant vous les avocats illustres qui ont fait grande parmi toutes, la barre française ? Hélas ! je venais trop tard — et il était bien petit le champ dans lequel je pouvais glaner après tant de mes aînés ?

Et alors, Messieurs, j'ai jeté les yeux autour de moi, cherchant avec quelque anxiété, s'il n'était rien qui, par sa nature, son caractère, son importance, son rôle prépondérant dans la Société, pût captiver vos esprits de jurisconsultes et vos âmes de citoyens.

Il m'a semblé qu'une étude sur le journal, ce roi du XIXe siècle serait digne, peut-être, d'arrêter votre attention sur les problèmes philosophiques et sociaux qu'il soulève.

Ah ! Messieurs, c'est qu'elle est immense, presque sans bornes, la place que le journal s'est faite, à notre époque, dans la conscience humaine. Le journal dirige aujourd'hui en maître absolu et incontesté les destinées des peuples. Il est leur maître écouté et obéi ; il les guide et les dirige ; choisit les voies à travers lesquelles il lui plait de les faire progresser ou reculer, leur suscite aujourd'hui les desseins les plus sages et demain, les pensées les plus folles.

Et comme cette influence est particulièrement puissante dans notre pays! Le journal, dans la société française, joue le rôle le plus important qu'il soit possible d'imaginer.

Il s'est acquis, sur les esprits les plus éclairés comme sur ces couches profondes dont parlait un grand orateur, une puissance sans pareille.

Ce phénomène social, Messieurs, me paraît provenir de deux causes principales.

Le peuple français, laborieux avant tout, n'a plus le temps de lire une œuvre philosophique ou politique de longue haleine. L'article de journal, toujours bref, ne l'absorbe que peu de temps. D'autre part, le peuple français, d'esprit très primesautier, même en eût-il le temps, ne lirait pas une œuvre du genre que j'indiquais tantôt. Le livre sérieux que d'autres lisent avec un plaisir grave et réfléchi, tombe vite de la main un peu lasse du Français, L'article de journal, condensant en quelques lignes un certain nombre de pensées, avec sa forme claire, précise, quelquefois incisive, répond davantage à notre genre d'esprit. Nous le préférons parce que, le plus souvent à l'emporte-pièce, toujours vite lu, il nous séduit et nous convainc par une boutade spirituelle ou un mot original.

Quelle que soit du reste la source de l'immense influence du journal sur nos esprits, cette influence existe, et dans de telles proportions, qu'elle mérite d'arrêter l'attention du penseur. — Depuis le commencement du siècle, ou, pour parler plus exactement, depuis la chute du premier Napoléon, n'est-ce pas le journal qui a renversé tous les gouvernements, qui a créé les grands hommes et les a rejetés dans la nuit; qui a fait et défait tour à tour les renommées?

N'est-ce pas lui qui a déchaîné toutes les révolutions ? N'est-ce pas lui encore, il faut le reconnaître, qui a hâté presque tous les progrès, réclamé toutes les libertés, et quelquefois obtenu leur consécration ? Oui, le journal peut être pour une Société la source de tous les bonheurs, car il contient en lui toutes les vertus. Mais ne peut-il être aussi l'origine de toutes les catastrophes ? Est-il, en effet, une aventure si folle soit-elle, qu'il n'ait pas conseillée ?

N'est-il donc pas intéressant, Messieurs, et utile aussi, d'étudier la nature de ce maître qui plie et façonne les consciences, les lois sous l'empire desquelles il a dû lui-même incliner sa toute puissance, celle qui le régit à l'heure où je parle et dont les défectuosités sont peut-être trop nombreuses ?

Et je suis d'autant plus convaincu, Messieurs, qu'avec un tel sujet je pourrai peut-être diminuer l'ennui que je vous impose, qu'une révolution, ou plutôt une évolution, paraît avoir été faite et par le journal lui-même et par l'opinion publique. Le journal semble, depuis quelques années, avoir à jamais rompu avec des traditions d'honnêteté et de modération qui, seules, rendaient supportables aux esprits pondérés et sérieux, la liberté quasi-absolue de la presse.

L'opinion, de son côté, paraît vouloir revenir en arrière et demander l'abrogation de lois que le pouvoir n'a peut-être édictées que sous sa pression même.

C'est donc une étude sur un sujet tout d'actualité (ce sera, je le crains bien, son seul mérite), que je vous soumets, mes chers confrères, et je ne pourrai le mener à bonne fin, je vous l'avoue très simplement, que si je rencontre chez vous beaucoup de bonté et d'indulgence.

*
* *

Il faut, Messieurs, pour appliquer la loi, des qualités multiples et précieuses et que peu d'hommes possèdent à un degré élevé. Mais quelles qualités plus nombreuses et plus rares encore ne faut-il pas pour créer de bonnes lois ! Faire une loi, c'est limiter la liberté de chacun, déterminer exactement là où finit ce qui est permis, où commence ce qui est défendu, c'est donner au bien et au mal des bornes qu'il ne sera pas permis de dépasser, c'est définir ces frontières vagues et incertaines, que la conscience devine plutôt qu'elle ne les conçoit. — Faire une bonne loi sur un objet quelconque, c'est-à-dire sur quelque chose qui intéresse à la fois et l'honneur des citoyens et leurs intérêts, une loi qui doit respecter et ce qui est dû à chacun, et ce que chacun doit à tous, c'est assurément vouloir résoudre un problème dont les données sont incertaines, car la science humaine est bornée, et contradictoires car les intérêts humains sont éternellement en lutte. Mais combien le problème est plus difficile encore lorsqu'il s'agit d'élaborer une loi intéressant au suprême degré, non plus des intérêts privés, mais l'ordre social tout entier et qui doit régler des institutions dont les bases reposent sur le mouvant terrain de la politique ?

Une bonne loi sur la presse ! Mais voilà un siècle, Messieurs, que la question est agitée par tous les gouvernements et par les plus grands esprits. Voilà un siècle que le peuple français cherche la vérité et qu'il ne peut la trouver. Déjà, le 27 octobre 1792, Le Pelletier de Saint-Fargeau disait à la tribune de la Convention Nationale, à propos de la liberté de la presse : « Il serait sans doute très à souhaiter que cette liberté ne dégénérât jamais en licence, mais la route par laquelle il faut poursuivre ces abus est difficile à trouver ; il est difficile à ce point de faire une loi répressive qui ne porte pas en même temps atteinte à la liberté des écrits et des discours !... Lorsqu'on l'approfondit, le problème paraît insoluble. » — Mais ces paroles ne sont-elles pas plus vraies encore aujourd'hui ? Le Pelletier de Saint-Fargeau pouvait, non sans raison, espérer que l'expérience éclairerait peu à peu les tâtonnements du législateur. Il pouvait croire que graduellement la lumière se ferait et que des lois chaque jour meilleures remplaceraient les lois mauvaises. Et cependant voilà un siècle que l'expérience se continue avec des destins toujours semblables ; que les lois les plus différentes se succèdent sans qu'un progrès apparent se réalise. A quoi cela tient-il, Messieurs ? Pourquoi cette nuit complète dans laquelle s'égare sans cesse le législateur ? La raison en est peut-être plus simple qu'on ne le croit communément.

Toutes les fois qu'une loi sur la presse a été proposée, une idée étrangère au débat a toujours plané sur la discussion, la menant et la dirigeant. Cette idée, c'est l'esprit de parti. On l'a dit fort justement : on n'a jamais essayé de faire une loi sur la presse ; on a toujours voulu faire une loi pour ou contre elle. Une pensée s'est toujours emparée de l'esprit du législateur, plus homme politique que véritablement législateur : la haine ou la peur de la presse.

Voilà, Messieurs, et voilà uniquement ce qui a rendu jusqu'ici le problème presque insoluble.

Est-il nécessaire de vous dire que de telles pensées ne sauraient hanter mon esprit ? Ce n'est, certes, ni la haine, ni la peur de la presse qui m'a poussé à vous entretenir de ce sujet d'un intérêt si puissant, il me semble, à l'heure où je parle.

Est-il utile aussi de vous dire que je n'ai pas songé, une seule minute, à vous imposer une solution ? J'ai seulement pensé qu'il vous plairait peut-être que quelqu'un plaçât sous vos yeux tous les éléments du problème et essayât de vous démontrer que ce problème pouvait être assez facilement résolu.

*
* *

Je ne vous étonnerai certainement pas, Messieurs, en vous disant que le journal, avant la Révolution, n'était soumis à aucune loi. Le journal, à cette époque déjà si lointaine, était simplement placé sous le régime du bon plaisir. — L'arbitraire le plus absolu, le privilège ou le monopole étaient les seules règles qui lui fussent appliquées. Et comment en eût-il été autrement sous le régime qui était alors celui de notre pays ? Une loi spéciale ou le droit commun, n'était-ce pas illogique et irrationnel ? La France appartenait à ses maîtres ; ainsi faisait le journal.

Pour être publié, un journal n'avait point à remplir de formalités préalables ; il lui fallait plus et moins à la fois. Il lui fallait la protection d'un ministre puissant ou l'agrément du roi. Cessait-il de plaire ? Paraissait-il non pas dangereux, mais simplement gênant ? Il devait arrêter sa publication et tout était dit. C'était là, du reste, la seule théorie qu'une autorité absolue pût admettre. Royer Collard disait que le journal est « *une nécessité sociale, plus encore qu'une institution politique.* » Le mot n'est peut-être pas complètement vrai. Oui, le journal est une nécessité sociale, mais il est aussi et à un égal degré, une institution politique. Certes, à l'époque dont je parle, le journal n'osait pas aborder les hautes spéculations politiques ou sociales. C'était une route trop périlleuse assurément. Mais est-il possible d'être journaliste, ne fût-on que simple chroniqueur, en s'abstenant de critiquer ou de blâmer ? Nos rois étaient donc logiques en ne soumettant point le journal à une loi spéciale ou aux lois ordinaires, mais bien à ces règles élastiques et odieuses que leur traçaient les besoins de leur politique, le soin de leur puissance ou tout simplement leurs caprices.

L'histoire des lois sur la presse ne commence donc réellement qu'au moment où la France brisa l'absolutisme sous lequel elle peinait depuis tant de siècles et conquit enfin cette liberté qui est le premier droit d'un peuple.

La déclaration des droits de l'homme donna la liberté au journal, et la Constitution, du 3 septembre 1791, proclama le droit pour tous citoyens « de parler, d'écrire, « d'imprimer et de publier ses pensées, sans que les écrits « puissent être soumis à aucune censure ni inspection « préalables. » Mais les grands esprits qui avaient fait la Révolution étaient trop sages pour créer en faveur du journal une liberté absolue et illimitée. Aussi la loi qui venait de proclamer pour tout homme le droit absolu d'écrire et de publier ses pensées, punissait-elle, avec une extrême sévérité, les injures et les calomnies envers les fonctionnaires et les particuliers, comme aussi tout acte qualifié crime ou délit par la loi.

Malgré la sagesse de ces dispositions, des abus épouvantables se produisirent. Vous les rappellerai-je, Messieurs ?

Ce serait vous faire injure, ce me semble, car c'est là de l'histoire. L'outrage, la calomnie et la violence atteignirent rapidement leur apogée. Des provocations criminelles, des appels aux attentats les plus atroces, à l'insurrection, à la guerre civile, à l'assassinat, partant des journaux, d'opinions les plus différentes, venaient tous les matins affoler ce peuple français déjà si profondément troublé.

A peine né à la liberté, le journal en abusait donc jusqu'à l'extrême licence et il témoignait, d'une bien attristante manière, sa reconnaissance à ceux qui l'avaient émancipé.

L'Assemblée Nationale essaya de réagir. Le décret du 20-21 juillet 1792, ordonna des poursuites contre plusieurs libellistes et celui du 18-21 août de la même année, frappe les libelles inciviques et d'autres écrits tendant à égarer l'opinion publique.

La Convention, dès son arrivée au pouvoir, accentue encore le mouvement qu'avait commencé l'Assemblée.

Le décret du 9-14 mars 1793 ordonne aux membres de la Convention, qui sont en même temps journalistes, d'opter entre ces fonctions et celles de députés. La loi du 29 mars 1793, punit de la peine de mort « quiconque sera con-
« vaincu d'avoir composé des écrits ou ouvrages qui pro-
« voquent à la dissolution de la représentation nationale,
« au rétablissement de la royauté ou de tout autre pouvoir
« attentatoire à la souveraineté du peuple. »

La même loi punit aussi de la peine capitale, quiconque aura, par les mêmes moyens, provoqué au meurtre et à la violation des propriétés, lorsque le délit aura suivi la provocation, et de six ans de fers lorsque le délit n'aura pas suivi.

Ne pensez-vous pas, Messieurs, qu'il fallait que la presse fût allée bien loin dans la voie des violences et des provocations et eût commis bien des abus pour que de pareilles lois fussent promulguées à ce moment ? Et ne croyez pas qu'on essayât de proscrire ou de tuer la presse ! Non ! tel n'était pas le désir de la Convention. Deux mois après les lois sévères dont je vous parlais tantôt, le 29 mai — 8 juin 1793, une loi consacre à nouveau la liberté de la presse, supprime la censure et établit que nul ne saurait être responsable de ses écrits, hors les cas prévus par la loi.

La Constitution du 5 fructidor an III consacre derechef ces principes. Aucune limitation ne peut être apportée à la liberté qu'elle proclame à son tour, et, si une loi prohibitive intervient, sa durée ne peut excéder une année, à moins d'être expressément renouvelée.

Le journal avait, je crois, tout lieu d'être satisfait. Malgré les abus qu'il en avait faits, il conservait entière la liberté.

Mais ne lui demandez pas de sagesse ; elle paraît incompatible avec sa nature et son caractère. Il ne dévia pas une minute de la voie qu'il avait si déplorablement choisie.

Les lois répressives les plus sévères ne l'avaient point arrêté. La consécration des droits qu'on lui reconnaissait ne l'attendrit pas.

Et le Directoire, débordé de toutes parts, chercha à se défendre contre cet irréconciliable ennemi de tous les gouvernements.

La loi du 28 germinal, an IV, exige, au bas de chaque article, le nom de l'auteur ; sur chaque journal, le nom et l'adresse des imprimeurs, à peine de 6 mois de prison, pour la première infraction et de deux ans de la même peine en cas de récidive. La peine de mort est édictée contre tout publiciste coupable de provoquer à la dissolution du gouvernement.

Mais on va plus loin encore, et la réaction est d'autant plus violente qu'elle est plus tardive. La loi du 19 fructidor, an v, donne le droit à la police de prohiber les journaux et celle du 9 vendémiaire, an vi, les assujettit aux droits de timbre.

Plus tard, enfin, l'arrêté du 17 janvier 1800, limite à 13 le nombre des journaux politiques, et encore ces journaux peuvent-ils être purement et simplement, et sur le champ supprimés, s'ils publient « des articles contraires « au respect dû au pacte social, à la souveraineté du peu- « ple et à la gloire des Armées — » ce sont les termes mêmes du décret.

La liberté du journal était donc morte. L'Empire, vous le pensez bien, ne songea pas à la faire sortir du tombeau. Le décret du 9 avril 1811 plaça les journaux dans la main du tout puissant empereur ; celui du 17 septembre réduisit le nombre de ceux qui s'occupaient de politiques à quatre pour Paris et un par chaque département, et la suppression facultative dont on usa largement, acheva de faire le silence. L'opinion publique s'émut peu du reste : la France avait payé trop cher les libertés passées de la presse.

Louis XVIII, en montant sur le trône, voulut établir son autorité sur des lois libérales. La Charte de 1814 rendit la liberté au journal.

Mais cette heureuse situation ne devait pas avoir une longue durée. Moins de cinq mois après, la loi du 21 octobre rétablissait la Censure. Celle du 9 novembre 1815 va plus loin encore et punit de la déportation les écrits séditieux et les provocations indirectes.

A partir de ce moment, les restrictions à la liberté de la presse ne s'arrêtent plus. Trois lois nouvelles, toutes trois antilibérales, sont élaborées dans la seule année 1817. La Censure est la maîtresse absolue du journalisme.

Ces lois produisirent l'effet que la Restauration en attendait. Le journal rentra dans l'ordre. Louis XVIII crut-il à la sincérité de cette conversion si subite et d'apparence un peu forcée ? Jugea-t-il seulement sage et prudent de fortifier par des lois libérales son autorité déjà ébranlée ? Je ne sais. Mais l'année 1819 fut favorable à la presse au-delà de toute espérance. La loi du 17 mai limite les délits qui peuvent être commis par le journal dans de notables proportions. Celle du 26 mai établit la compétence du Jury, en matière de crimes ou délits politiques et de ceux commis à l'encontre de fonctionnaires. Enfin, celle du 9 juin fait disparaître la Censure, l'autorisation préalable et le droit de suspension.

Le journal ne reste donc plus soumis qu'à deux obligations qui ne limitent que très peu son indépendance : l'obligation de fournir un cautionnement et celle d'avoir un éditeur responsable.

C'était, vous le voyez, Messieurs, des lois très libérales, que ces lois de 1819. Louis XVIII était allé de la sévérité la plus exagérée à la plus grande bienveillance. Le journal se rend-il digne de ses réformes si heureusement fécondes pour lui ? Hélas, Messieurs, l'expérience ne l'a pas mûri. Et dès les premiers jours, dès la première heure de cette ère nouvelle, les abus anciens renaissent avec une violence dont l'histoire témoigne. Le Gouvernement est attaqué furieusement. On l'injurie, on le diffame, on le calomnie chaque jour d'odieuse façon. Ni les ministres, ni le roi ne sont respectés ; chaque matin leurs actes sont travestis, leurs personnes ridiculisées, leurs vies privées traînées dans la boue. Et si ce gouvernement veut réagir contre la violence qui lui est faite, s'il cherche à sauver son existence, s'il essaye de se soustraire aux coups, non de l'opinion publique, mais d'une portion infime du peuple français, qui donc vraiment, pourra, sans injustice, l'accuser de despotisme ?

Mais un dramatique événement vint porter à son comble une émotion bien légitime.

Un Bourbon est frappé par la main d'un assassin. Le journal doit-il directement assumer cette sanglante responsabilité ? Doit-on, peut-on l'accuser d'être la cause de ce crime odieux ? Non assurément. Mais n'est-il pas naturel et d'une inéluctable justice de lui dire : « Chaque jour, vous avez excité en France les plus mauvaises passions ; vous les avez, chaque jour, attisées, exagérées, exaspérées avec une incroyable violence. Chaque jour vous avez poussé vos lecteurs aux conceptions les plus folles et les plus criminelles. Vous avez chaque jour troublé davantage le peuple français. Vous lui avez, peu à peu, fait perdre la notion de ce qui est juste et de ce qui ne l'est pas. Vous avez démoralisé l'opinion et jeté le désarroi partout, dans tous les cœurs, dans toutes les consciences. Vous n'avez pas discuté ; vous n'avez jamais essayé de montrer où étaient la justice, la vérité, la lumière. Vous avez injurié, calomnié, diffamé, violenté tout ce qui avait un nom dans la Société ou jouait un rôle dans le Gouvernement. Ni Louis XVIII et sa vie privée que vous avez travestie, ni sa famille que vous n'avez jamais épargnée, n'ont été à l'abri de vos violences injustes. Un fou devient un malfaiteur ; un utopiste devient un assassin, Qui donc en doit être moralement responsable, si ce n'est vous ?

Et le Gouvernement fit la loi du 31 mars 1820 qui rétablit la Censure et l'autorisation préalable. Cette loi ne devait cependant avoir d'effet que jusque à la fin de la session. Mais avant ce terme, la loi du 17 mars 1822 consacrait à nouveau ces mesures sévères si follement amenées par ceux-là mêmes qu'elles frappaient.

Ce régime dura jusqu'en 1828. Le 18 juillet de cette année, une loi paraît qui revient à des sentiments plus libéraux. L'autorisation préalable et la Censure facultative disparaissent.

C'était une nouvelle période de liberté qui commençait. Elle se prolongea jusqu'à l'avènement de Louis Philippe.

Louis Philippe est animé, à l'endroit du journal, des meilleures intentions. Dès le début de son règne, le journal conquiert une indépendance absolue. A véritablement parler, il est presque aussi libre qu'aujourd'hui.

Et cependant recommence le même phénomène qui, sans doute, recommencera toujours. Le Gouvernement est attaqué avec une violence inouïe et une insigne mauvaise foi par cette presse à laquelle il a prodigué ses faveurs, et un auteur, partisan convaincu cependant de la liberté de la presse, est obligé de convenir que « les souvenirs de cette époque sont « de ceux qui finiront par propager, parmi les esprits « pour qui la paix publique est le premier des biens poli- « tiques, la conviction fâcheuse qu'en France la liberté de « la presse est incompatible avec la stabilité d'un gouver- « nement quel qu'il soit (1) ».

(1) Monsieur Dalloz.

Et cependant la monarchie ne s'arrête pas dans la voie libérale qu'elle s'est tracée. La loi du 14 décembre 1830 réduit à 24,000 francs le cautionnement des journaux paraissant plus de deux fois par semaine et qui était auparavant de *6,000 fr. de rente*. La même loi abaisse les droits de timbre.

Mais l'attentat de Fieschi se produit. Le Gouvernement, mal inspiré, fait voter les lois dites de septembre. Le cautionnement remonte à 100,000 fr. pour les départements de la Seine, de la Seine-et-Oise et de la Seine-et-Marne, et des pénalités nouvelles sont édictées.

Ce fut une grave erreur politique et une des causes principales de la chute de Louis Philippe.

*
* *

La République était issue d'une révolution que la presse seule avait faite.

Son premier acte fut de rendre, par le décret du 6 mars 1848, la liberté au journal.

Mais aussitôt les débordements recommencent avec d'autant plus d'ardeurs qu'ils se produisent sous un régime de liberté. La calomnie et l'injure font rage une nouvelle fois.

Cette situation ne tarda pas à porter ses fruits. Les manifestations d'ouvriers, l'insurrection de juin en sont les conséquences.

Et qu'on ne dise pas, Messieurs, que j'exagère à dessein le tableau et que j'accuse le journal de tous les péchés que d'autres ont commis. Lisez tous les écrivains impartiaux et non pas seulement ceux-là qui considèrent la liberté de la presse comme la plaie éternellement saignante de la société moderne.

Tous vous diront que le trouble de la rue, le socialisme qui grondait et menaçait la France d'épouvantables catastrophes, c'est au journal seul qu'on les devait alors.

Le gouvernement de la République ne pouvait hésiter. Reculer devant ce paradoxe qu'un gouvernement libéral doit malgré tout, la liberté absolue à la presse, — c'était signer sa propre déchéance. Ce n'était pas seulement un devoir politique qu'avait à remplir, à ce moment, le gouvernement : c'était un devoir social. — Qui de vous, Messieurs, n'a présent à la mémoire les fatals résultats de ce socialisme dont Louis Blanc est la plus haute expression ? Qui peut nier que la démagogie dont le flot montant rongeait sans cesse le vieil édifice social, n'était, à cette période de notre histoire, un terrible danger qu'un gouvernement soucieux des destinées de la patrie, gardien fidèle de la paix publique devait arrêter ou au moins modérer, s'il était possible ?

La loi du 9 août 1848, fut le résultat de ce lamentable état de choses. Une fois de plus, la presse avait contraint un gouvernement libéral et par son origine et par ses tendances à faire une loi contre la liberté ! Voilà plusieurs fois déjà, Messieurs, qu'au cours de cette histoire de la législation en ces matières, nous sommes amenés à constater le même phénomène. Et que de fois encore devra-t-on le constater ? On a dit souvent que la France n'était pas mûre pour la liberté ; quand donc le journal deviendra-t-il, à son tour, digne de la liberté ?

On était cependant en droit d'espérer que le gouvernement de 1848 saurait rester dans de justes limites et que, réprimant les abus de la presse, il en saurait respecter les droits. Il n'en fut malheureusement pas ainsi ; la loi du 9 août prit le caractère d'une loi de réaction, et le cautionnement fut encore une fois rétabli, quoique le taux en fût très abaissé.

La loi du 16 juillet 1850, qui intervint ensuite, en conservant le cautionnement, sans aucune modification, fixa le chiffre du timbre des journaux et imposa, d'un supplément de timbre, le feuilleton-roman. Cette loi créait de plus une innovation à mon avis fort sage : tout article politique, religieux ou philosophique dut, à l'avenir, être signé par son auteur.

*
* *

Tel était, Messieurs, le dernier état de la législation, lorsque se produisit le coup d'Etat du 2 décembre 1851. Quelle devait être, sous le régime nouveau, la situation du journal, quelles lois on allait édicter contre lui, il est aisé de le deviner. Les gouvernements, issus d'un coup de force, ont recours au silence. Le silence leur est nécessaire ; il leur est indispensable, car c'est leur seule justification. A Dieu ne plaise cependant, que je plaigne le journal : les retours de la destinée ont souvent leur justice !

Les décrets qui intéressent les journaux, sont au nombre de quatre, rendus tous quatre en 1852, aux dates des 17 février, 1er mars, 28 mars et 30 avril.

Permettez-moi de les examiner très rapidement et de vous rappeler les diverses dispositions qui frappèrent le journal, jusqu'aux dernières années de l'Empire.

L'autorisation préalable est rétablie par le premier de ces décrets, sauf cependant pour les journaux qui existent déjà. Elle n'est accordée qu'en faveur d'un français majeur et jouissant de tous les droits civils et politiques. La déclaration préalable est maintenue pour toutes les feuilles qui traitent de matières politiques ou d'économie sociale. Le cautionnement existe encore. Mais ce n'est pas tout ; il est défendu de rendre compte des séances du Sénat, et de celles du Conseil d'Etat qui n'étaient pas publiques ; on ne peut publier sur les séances du corps législatif, d'autre compte-rendu que le procès-verbal, rédigé par le président lui-même de cette assemblée.

Il est interdit d'annoncer des souscriptions publiques pour le paiement des condamnations judiciaires encourues par un journal. C'est là une mesure sage, je la signale en passant. Depuis plusieurs années, en effet, les journaux avaient pris l'habitude de faire payer par le public toujours crédule les amendes qu'ils encourraient.

Le décret créa l'obligation d'insérer en tête du journal « les documents officiels, relations authentiques, renseignements, réponses et rectifications qui lui seront « adressées par un dépositaire de l'autorité publique. » Ces insertions étaient gratuites. La loi du 18 juillet 1850, avait imposé à l'auteur d'un article politique, l'obligation de le signer. Le décret de février 1852, maintint cette obligation : c'est du moins ce qui résulte, en termes formels du reste, d'une circulaire ministérielle du 30 mars de la même année. Par le même décret et par celui du 28 mars, les journaux sont frappés d'un droit de timbre assez élevé, à moins qu'ils ne soient purement littéraires, scientifiques et artistiques, ou ne s'occupent que d'agriculture.

Les journaux peuvent être suspendus par simple mesure administrative, après une condamnation pour un délit quelconque ou une contravention de presse relevée contre le gérant, ou bien encore après deux avertissements motivés et sans qu'il soit besoin de décision de justice. Dans ce cas, il est à noter cependant que la suspension ne peut excéder deux mois. Les journaux peuvent être supprimés soit après une suspension judiciaire ou simplement administrative, soit plus simplement encore par mesure de sûreté générale et par décret du chef de l'Etat. L'autorisation préfectorale est toujours nécessaire pour exercer la profession de colporteur ou distributeur de journaux. Les crieurs doivent obtenir une permission préalable de l'autorité municipale, qui est toujours libre de la refuser. Enfin, le tribunal correctionnel devient de droit et dans la plupart des cas, le juge naturel des infractions commises par la voie du journal.

Vous le voyez, Messieurs, les armes ne manquaient pas au deuxième Empire, pour réduire les journaux au silence. La plupart des dispositions édictées contre la presse était d'une sévérité et d'un arbitraire odieux. Le journal était asservi et l'on a pu dire que l'Empire « l'assimila à un éta- « blissement insalubre, le soumit à un régime de tolérance, « et le fit administrer sous l'œil de la police. » Désormais, la pensée dut s'incliner devant l'omnipotence du Gouvernement. Avant de s'envoler à travers la France assoupie, elle dut donner le mot de passe et obtenir un sauf conduit. La discussion était entravée... Que dis-je ? Elle était emprisonnée ou tuée.

Ah ! Messieurs, c'est bien la vérité sans nulle exagération. Une circulaire confidentielle ne dit-elle point : « On « n'attend pas pour frapper qu'un délit soit nettement « caractérisé. On sait bien que pour les délits proprement « dits, les tribunaux sont suffisants et que le décret de « 1852 a été créé pour frapper les attaques dissimulées, les « allusions, *tous les faits que la loi commune ne sau- « rait atteindre?* » Est-ce que cette circulaire ne disait pas encore : « la direction de la presse est devenue ce « qu'elle devait être, *une véritable direction de l'esprit « public.* » Et cette direction que l'Empire prétendait imposer ainsi à l'esprit public et tout particulièrement au journal, s'étendait aussi à des faits dont l'importance était nulle assurément. *De minimis curat prœtor !* Ne fallait-il pas que la main du pouvoir se fit sentir partout et à tout instant pour avertir la pensée, cette autre folle du logis, qu'elle devait toujours respecter, « cet être mystique et « impersonnel qui se cachait sous le nom majestueux de « l'autorité ? » Le *Figaro* s'avisa un jour de se plaindre, que les reverbères du boulevard du Prince-Eugène étaient allumés trop tard. Quelle audace vraiment criminelle et comme cet entrefilet était perfidement dangereux pour l'ordre social et la paix publique ! Le lendemain, le malencontreux journal recevait un communiqué, trop charmant vraiment pour que je vous en prive : « On ne peut s'expli- « quer, disait-on, l'erreur dans laquelle est tombé l'auteur « de l'article, qu'en supposant qu'il a passé avant l'heure « réglementaire sur le boulevard du Prince-Eugène ; mais « de ce que les becs de gaz dont il s'agit, n'étaient point « encore allumés, il ne faut pas en conclure qu'ils ne le « seraient pas le moment venu. »

N'est-ce pas, Messieurs, que cela est délicieux ? Et comment voulez-vous que les communiqués ne tombassent pas en pluie abondante sur les malheureux journaux, quand laissant les reverbères s'allumer ou s'éteindre, quand bon semblait à l'autorité, ils s'avisaient de s'occuper de questions plus hautes ? Apprécier les actes du pouvoir, Dieu merci ! les journaux s'en gardaient bien. Mais il leur semblait pourtant que traiter de politique étrangère, d'études purement philosophiques, c'était chose innocente et permise. Erreur encore! Les communiqués, les avertissements se multipliaient. On conseillait amicalement de quitter ce terrain brûlant ; on avisait le malheureux journal que « de tels subterfuges ne pouvaient tromper l'administration vigilante. »

Mais cela ne suffisait pas encore. Etablir la conspiration du silence, c'était bien ; employer le journal comme moyen de gouvernement, c'était mieux.— Alors on créa le service de la presse. De nombreux employés lisaient, du matin au soir, les journaux ; ils les dépouillaient, les annotaient. traduisaient les feuilles étrangères, puis faisaient parvenir leur travail à la direction de la librairie qui, à son tour, le transmettait au ministre d'Etat. On ne s'en tint pas là encore. A ces employés furent joint des hommes de talent, ambitieux et peu délicats, qui furent chargés de réprimer les écarts des journaux et de leur donner l'impulsion qui convenait. Chaque journal, chaque revue, chaque feuille si éphémère fût-elle, avait son dossier. De ce bureau partaient les articles officiels, les instructions secrètes et les communiqués.— Ainsi, le Gouvernement ne tarda pas à tenir sous sa main la presse tout entière obéissante, car elle jouait son existence, pliée, asservie, dominée par cette bureaucratie insolente qui disposait d'un pouvoir sans bornes.

Et voulez-vous, Messieurs, une pièce officielle, un document irréfutable ? Ecoutez ce passage d'un rapport secret. « Paris me paraissant mériter une attention toute « spéciale à cause de ses relations avec les chefs des divers « partis, j'étais parvenu à me créer des intelligences dans « tous les journaux politiques et un rédacteur au moins « m'était acquis dans chacun d'eux. Les rapports de

« Monsieur de Maupas ont put convaincre Votre Majesté « que je connaissais presque toujours d'avance ce qui « devait paraître dans les feuilles de l'opposition et que « bien souvent je suis parvenu à empêcher la publication « d'articles qui auraient produit sur l'opinion le plus « mauvais effet. Monsieur le Ministre des affaires étrangères « pourrait aussi dire à Votre Majesté que fréquemment « j'ai fait insérer dans la *Presse*, l'*Assemblée nationale* « et le *Siècle* des documents utiles, mais qu'il y aurait « eu un grave inconvénient à mettre dans les journaux, « dont les relations avec le pouvoir sont connues.... Les « rédacteurs de toutes les feuilles importantes des départe-« ments se trouvaient en rapports suivis avec ma direction « qui, par des correspondances générales autographiées, « leur donnait une impulsion et recevait souvent d'eux « d'utiles renseignements. »

Et pour compléter cette œuvre si profondément habile, pour égarer davantage l'opinion publique, des ordres partis de haut ordonnaient la création de nombreux journaux et commandaient à tous ceux qui soutenaient l'empire, ministres, conseillers d'Etat, fonctionnaires de tout ordre, de devenir à leur tour journalistes et d'employer leurs talents en faveur du Gouvernement. Le chef de l'Etat lui-même ne dédaignait pas d'envoyer parfois aux journaux salariés des articles d'actualité. Est-il utile de vous dire, Messieurs, que l'auteur de cette prose auguste savait d'une main habile — cependant un peu lourde peut-être — manier la louange et semer les fleurs ?

Mais ce dévouement littéraire n'était pas sans faire de sérieuses brèches dans la Cassette impériale et la liste civile. C'est ainsi que nous voyons, en mai 1870, Monsieur

Granier de Cassagnac recevoir pour ces sortes de services *seize mille* francs, à valoir sur *cent mille*; que les journaux absorbaient sur la caisse des fonds secrets 297.540 francs — et que des sommes énormes étaient dépensées tant à Paris qu'en Province pour gagner la bienveillance des journaux.

C'était, Messieurs, ce que quelques années auparavant les Ministres de la Restauration appelaient *amortir l'opposition.*

Permettez-moi en terminant ce chapitre de vous rappeler l'opinion de trois hommes qui ont caractérisé d'une éloquente et saisissante façon la situation du journal sous le deuxième empire.

Le 14 Mars 1861, Monsieur Jules Favre, s'écriait, en pleine séance du corps législatif... « il n'y a qu'un journaliste en « France, c'est l'empereur ! » et Monsieur Veuillot, à son tour, disait dans son livre, les *Odeurs de Paris* .. « il n'y « a plus en France qu'un seul rédacteur en chef de tous les « journaux, c'est le Ministre de l'Intérieur ! »

En 1863, Monsieur Lavertujon, dans un admirable discours qu'il prononça à Bruxelles et qui fut rappelé à la tribune de la Chambre, lors de la discussion de la loi de 1881, s'exprimait de la façon suivante : « On s'étonne parfois du « petit nombre d'écrivains qui se font remarquer par des « essais de résistance. On devrait s'étonner plutôt que ces « essais aient pu se produire. J'ai parlé de martyre ; le « rechercher fut toujours chose rare ; c'est chose impossible « lorsqu'en le bravant, on n'a pas l'espoir de donner un « fructueux exemple, de jeter une semence d'imitateur.

Le vers du poète latin :

Exoriare aliquis nostris ex ossibus ultor

« n'est pas fait pour les écrivains de ce temps. Le genre de « persécution qu'ils subissent est combiné de façon à ne « leur susciter ni vengeurs, ni émules. Ils ne peuvent pas « comme les hommes d'un autre temps, crier en suc- « combant : « Vive la République » ou « Vive le Roi » « selon l'opinion qu'ils professent. Ils disparaissent comme « Edgard Ravenswood, dans le roman de Walter Scott ; « ils enfoncent peu à peu, lentement, sans convulsion, « sans résistance ; le public circule autour d'eux et ne « s'aperçoit pas que la mort les gagne ; et lorsque tout est « fini, les choses se sont passées avec tant de gradation, « avec des préparations si savantes, avec une adresse si « raffinée que nul ne pense à s'émouvoir. Je me trompe... « il se trouve des gens pour admirer l'habileté consommée « des tourmenteurs et pour railler le patient. »

*
* *

Sous la pression de l'opinion publique et des événements, le second empire dut revenir cependant à des mesures plus libérales. — Le régime administratif surtout, trop porté à exagérer encore les sévérités législatives, avait soulevé des récriminations et des colères incessantes et fondées. La loi du 11 Mai 1868 le fit disparaître complètement. L'autorisation préalable avait placé le journal, je vous l'ai montré déjà, dans les mains de l'autorité ; cette loi la supprima aussi, mais elle édicte l'obligation d'une déclaration préalable, contenant le titre du journal, le nom, la demeure et les droits des propriétaires et des gérants et l'indication de l'imprimerie. « Cette déclaration constitue l'état civil du « journal. Le gouvernement ne lui permet plus de naître, « mais il le voit naître ; il doit être averti exactement afin

« de surveiller [1]. » Le cautionnement est maintenu. Le taux des droits de timbre fixé par le décret de 1852 est notablement abaissé. Une condamnation pour *crime* entraîne la suppression du journal dont le gérant a été condamné. Pour le cas de récidive dans les deux années qui suivent un premier *délit*, les tribunaux peuvent prononcer la suspension du journal pour une période de quinze jours à deux mois. Une troisième condamnation dans le même délai peut entraîner une suspension de deux mois à six mois. Une disposition qui est à remarquer, c'est que toute publication relative à un fait de la vie privée constitue une contravention punissable d'une amende de 500 francs, mais qui ne peut être poursuivie que sur la plainte de la partie intéressée.

Au point de vue de la compétence, la loi de 1868 conserve les errements anciens. S'agit-il de crimes ? Le Jury et la Cour d'Assises statuent. S'agit-il de délits et de contraventions assimilées aux délits ? Le tribunal de police correctionnelle et, en appel, la Cour Impériale prononcent.

Telle qu'elle fut promulguée et si on en excepte le maintien du cautionnement, la loi de 1868 était une loi très libérale que la presse devait saluer avec joie, après les longues et tristes années qu'avaient fait naître les quatre décrets de 1852.

Le gouvernement de la Défense Nationale, en décrétant, le 12 octobre 1870, l'abolition du cautionnement, acheva d'émanciper le journal. Le Tribunal correctionnel restait cependant son juge naturel. La loi du 22 Avril 1871 remit en vigueur celle du 27 juillet 1849 et rendit au jury la

(1) Exposé des motifs rédigé par M. Pinard, conseiller d'Etat, rapporteur.

connaissance des infraction de presse, sauf cependant en ce qui concernait les délits contre les mœurs, de diffamation et d'injures publiques envers les particuliers, et les infractions purement matérielles aux lois, décrets et règlements sur la presse, dont les tribunaux de droit commun seuls continuèrent à connaître.

La loi du 29 décembre 1876 consacra à nouveau les principes qu'avait posés la loi de 1871. Le jury demeure le juge d'attribution de la presse, mais des exceptions plus nombreuses sont apportées à sa compétence. Aux cas dont le tribunal correctionnel seul devait connaître et que je vous rappelais tantôt, le législateur ajoute les délits d'outrages, de diffamations et d'injures publiques contre toute personne et tout corps constitué, le délit d'offense envers le Président de la République ou l'une des deux chambres ou envers la personne d'un souverain ou du chef d'un gouvernement étranger, le délit de provocation à commettre un délit, suivie ou non d'effet, et enfin le délit d'apologie de faits qualifiés crimes ou délits par la loi. Le législateur autorise la preuve des faits diffamatoires devant le Tribunal correctionnel, dans les cas où elle est permise par la loi.

La loi de 1876 punit en outre les attaques contre les lois constitutionnelles et les droits et les pouvoirs du Gouvernement ; enfin elle admet la complicité, en matière de simples contraventions, et la punit.

*
* *

A la période à laquelle nous sommes arrivés de l'histoire des lois sur le journal, une épouvantable confusion règne en ces matières. Les documents législatifs se sont accumulés.

Tous ou presque tous ceux que nous avons passés en revue jusqu'ici sont restés en vigueur, et ce sont des difficultés sans cesse renaissantes lorsqu'il s'agit de savoir si un texte a été abrogé ou ne l'a pas été. Les jurisconsultes les plus éminents et les plus perspicaces s'y perdent eux-mêmes. Au moment où la loi de 1881 est promulguée, savez-vous, Messieurs, combien de lois régissaient la presse? 42, qui comprenaient 325 articles.

Il était donc urgent de faire la lumière sur cet extraordinaire chaos, et la loi de 1881 a, au moins, ce mérite d'avoir enfin apporté de l'ordre dans cette multiplicité confuse de dispositions législatives.

Dans quel esprit devait être conçue la nouvelle loi, il est inutile de le dire, n'est-ce pas ? Les députés de qui elle émanait, ceux qui se proposaient de la soutenir à la Tribune de la Chambre, avaient été profondément mêlés à la vie politique du second empire, et ils avaient combattu celui-ci, non seulement par la parole, mais encore presque tous par le journal. Ils devaient donc être emplis d'une reconnaissante affection pour l'arme qui, dans les dernières années, les avait aidés à vaincre. Le régime déchu avait, d'autre part, essayé d'étouffer le journal et des lois draconiennes l'avaient sans cesse entravé. Quoi d'étonnant à ce qu'une réaction exagérée se produisît? C'est là un phénomène social, vieux comme le monde et dont le législateur de 1881 devait, lui aussi, subir l'influence.

La loi devait donc être surtout libérale, et en cela le législateur avait raison. Mais son erreur — nous le verrons tantôt — fut de croire que la liberté du journal ne saurait jamais être trop grande et que c'était surtout, je pourrais dire exclusivement, une loi en faveur du journal qu'il fallait créer.

Cette pensée se manifeste clairement dans le discours par lequel M. Lisbonne, rapporteur de la loi, ouvrait la discussion dans la séance du 25 janvier : « Notre loi, disait-il, est « une application des doctrines les plus avancées ; elle s'est « impressionnée, avant tout, des déclarations de 1789 et « de 1791 ; elle a puisé dans toutes les chartes qu'a le plus « animées le souffle de la liberté. »

Dans un autre passage de son discours, et pour bien marquer la faveur dont devait jouir la presse, M. Lisbonne disait encore : « Quand il s'agira des définitions des délits, « la législation devra se conformer autant que possible au « droit commun. Quand il s'agira, au contraire, de définir « les responsabilités, quand il s'agira de déterminer les « juridictions, la procédure, la durée de la prescription, « alors, dans l'interêt de la presse elle-même, en faveur de « la liberté de la presse, au lieu de se rapprocher du droit « commun, il faudra s'en éloigner essentiellement. »

Et M. Lisbonne poussait si loin son amour pour la presse, qu'il était plein d'indulgence, même pour l'outrage aux bonnes mœurs : « A cet égard, dit-il, le projet est moins « sévère que les législations les plus favorables à la liberté, « moins sévère que la législation anglaise, moins sévère « que la législation des Etats-Unis. »

C'est en obéissant à ces pensées, base même de son œuvre, que le législateur a fait disparaître d'abord tout ce qui pouvait préventivement limiter la liberté du journal : l'autorisation préalable, la Censure, le cautionnement.

C'est encore sous l'empire des mêmes sentiments, qu'il a diminué, autant du moins que le permettait l'état des esprits, sinon autant qu'il le désirait lui-même, le nombre des délits et qu'il a notamment fait disparaître de nos lois la répression de la provocation à la désobéissance aux lois, de l'outrage à la morale publique ou religieuse, de l'outrage aux religions reconnues par l'Etat, de l'attaque contre la liberté des cultes, de l'attaque contre la Constitution, de l'excitation à la haine ou au mépris du Gouvernement, de l'apologie de faits qualifiés crimes ou délits par la loi, de l'infidélité ou de la mauvaise foi dans les comptes-rendus des séances des Chambres ou des audiences des Cours ou Tribunaux.

Ceci dit — et il était utile de faire ces constatations — quelles sont les dispositions contenues dans ceux des 70 articles de cette loi qui s'appliquent à la presse périodique ?

En fait de mesures préalables, le législateur en édicte trois, mais aucune ne peut limiter ou gêner la liberté du journal : c'est la nécessité d'avoir un gérant et de faire une déclaration préalable au parquet, et, enfin, l'obligation du dépôt de deux exemplaires de chaque numéro.

La Presse périodique, vous le voyez, n'avait pas à se plaindre de la nouvelle loi. Toutes les entraves qui pouvaient être apportées sous l'empire des législations précédentes, disparaissaient.

L'obligation d'insérer en tête du plus prochain numéro, et gratuitement, toutes les rectifications adressées par un dépositaire de l'autorité publique, au sujet des actes de sa fonction inexactement rapportés par le journal, était cependant maintenue. Mais il faut reconnaître que si cette disposition était un ennui pour la presse, cet ennui dans la pratique n'a jamais été bien grand. L'usage n'a pas consacré le droit que le législateur accordait aux dépositaires de l'autorité publique et ceux-ci n'en ont presque jamais usé.

Le droit de réponse était trop juste et trop légitime, pour

que la loi ne le consacrât pas ; c'est ce qu'elle a fait dans son article 13.

L'affichage et la vente sur la voie publique furent déclarés absolument libres. Il en fut de même de l'exercice de la profession de colporteurs ou distributeurs. Une simple déclaration préalable fut exigée de ces derniers et seulement lorsque le colportage ou la distribution constituent une profession habituelle.

*
* *

La loi de 1881 a divisé en quatre catégories les crimes ou délits qu'elle devait réprimer. Elle a distingué *la provocation aux crimes ou délits*, *les délits contre la chose publique*, ceux *contre les personnes*, et ceux *contre les chefs d'Etats étrangers et les agents diplomatiques étrangers*.

La loi punit comme complices d'une action qualifiée crime ou délit, ceux qui, par des écrits vendus ou distribués ont directement provoqué l'auteur ou les auteurs à commettre ladite action, mais seulement si la provocation a été suivie d'effet. Elle punit également ceux qui auront par les mêmes moyens provoqué à commettre les crimes de meurtre, de pillage et d'incendie, ou l'un des crimes contre la sûreté de l'Etat, prévus par les articles 75 et suivants du Code pénal, même si la provocation n'a pas été suivie d'effet. Elle réprime encore les provocations adressées aux militaires, dans le but de les détourner de leurs devoirs militaires et de l'obéissance à leurs chefs.

Les délits contre la chose publique sont au nombre de trois seulement : l'offense au Président de la République, la publication ou reproduction de nouvelles fausses, de pièces fabriquées, falsifiées ou mensongèrement attribuées à des tiers, alors seulement que cette publication ou reproduction aura troublé la paix publique et aura été faite de mauvaise foi, et enfin l'outrage aux bonnes mœurs.

La loi punit encore les imputations diffamatoires, calomnieuses ou injurieuses à l'encontre des particuliers ou des personnes revêtues d'une fonction publique. Mais elle autorise la preuve du fait diffamatoire, lorsqu'il est relatif aux fonctions, à l'encontre des hommes publics ou des fonctionnaires, et aussi des directeurs ou administrateurs de toute entreprise industrielle, commerciale ou financière faisant publiquement appel à l'épargne ou au crédit.

Enfin, l'offense commise par la voie du journal à l'encontre des chefs d'Etats étrangers ou de leurs agents diplomatiques est aussi prévue et punie.

La disposition essentielle de la loi de 1881, la disposition par laquelle s'accomplissait la réforme la plus radicale, est contenue dans l'article 45 : « Les crimes et délits prévus « par la présente loi seront déférés à la Cour d'Assises. » Le jury devient la juridiction ordinaire du journal. Lui seul connaîtra désormais des infractions dont ce dernier peut se rendre coupable. Deux seulement de ces infractions échappent à la règle générale : la diffamation et l'injure envers les particuliers.

*
* *

Voilà, Messieurs, cette loi de 1881 que les journalistes ont prônée, tout en la trouvant trop peu libérale encore, que des jurisconsultes même ont regardée comme un progrès considérable. Le but qu'elle voulait atteindre, c'était de donner au journal la plus grande somme de liberté ; le moyen qu'elle a employé, c'est l'attribution au jury, d'une façon presque exclusive, des délits de presse.

La compétence du jury en ces matières, voilà la grande, voilà la principale réforme que poursuivait le législateur. Le jury pour les Chambres de 1881, c'est la justice et la liberté toujours entières, c'est la presse respectée et à l'abri du despotisme et de l'arbitraire.

Que faut-il penser de cette loi ?

Peu de bien, assurément, et la démonstration me semble facile.

Cette loi a violé à la fois et les principes philosophiques et sociaux qui sont la base même de la Société moderne et les principes juridiques les plus élémentaires et les plus indispensables à toute bonne loi.

Et en effet, Messieurs, la base sur laquelle repose la Société française du XIXe siècle, c'est l'égalité de tous devant la loi. Pour cette égalité, nous avons fait de sanglantes révolutions ; pour elle, les plus grands esprits de ce siècle ont lutté avec toutes les forces de leurs talents et toutes les convictions de leurs âmes. De grands citoyens, qui n'ont pas vu mûrir les fruits de leurs efforts, lui ont sacrifié leur bonheur, leur indépendance, leur vie quelquefois. Et que fait cette loi de 1881 qui se réclame des plus grands principes républicains ? Elle n'a qu'un désir, qu'une volonté, qu'une aspiration, qu'un but : placer le journaliste au-dessus du droit commun, créer en quelque sorte l'aristocratie de la plume et l'oligarchie du journal.

Ah ! Messieurs, ne vous y trompez pas. Ce n'était pas une loi sur la presse, respectant tous les droits et toutes les libertés, soucieuse des intérêts de tous, que voulait faire la Chambre de 1881. Ce qu'elle voulait, c'était élever si haut le journalisme qu'on ne pût plus l'atteindre ! Le jury ? Mais pourquoi voulait-on en faire le juge naturel de la presse ?

Etait-ce parce que cette juridiction, en respectant les droits du prévenu, saurait aussi respecter les droits de tous les citoyens et la loi elle-même ? Non, Messieurs, c'est parce qu'on savait de quoi le jury était capable en ces matières, parce qu'on n'ignorait pas qu'il ne saurait point frapper les délits ou les crimes qu'on lui déférerait, et qu'avec lui le journal jouirait, non pas de la liberté la plus complète, ce n'était point assez, mais de l'impunité la plus absolue.

N'avais-je donc pas raison de dire que la loi de 1881 viole notre patrimoine le plus cher et le plus sacré de nos droits : l'égalité de tous devant la loi ?

Mais je disais aussi que l'œuvre du législateur foulait aux pieds les principes les plus élémentaires du droit pénal ; n'est-ce pas encore la vérité ?

Pourquoi le jury a-t-il été institué ? Est-ce pour punir ces atteintes à l'ordre public que nous sommes habitués à qualifier seulement du mot *délit* ? Non certes ! Le jury est une juridiction criminelle. Ce sont les plus grands coupables qu'il doit frapper, ce sont les actes les plus préjudiciables à la Société qu'il doit réprimer. Et parce qu'un citoyen a commis un délit d'une espèce un peu spéciale, parce que ce délit est un délit de presse, c'est la juridiction criminelle que vous saisissez ?

Mais n'y a-t-il pas là, Messieurs, une hérésie juridique bien suffisante à elle seule pour démontrer, jusqu'à la dernière évidence, de quel côté on voulait faire pencher la balance de la justice ? N'était-ce pas renverser les principes primordiaux de notre droit ?

Mais si le législateur voulait déférer à la juridiction criminelle les infractions du journal, il fallait qu'il allât jusqu'au bout. Il fallait qu'il qualifiât de crimes ces infractions ; il fallait qu'il les frappât des peines que le Code pénal a édictées contre les crimes. Mais vous savez si tel était le but que poursuivait le législateur !

Est-ce que ces très courtes réflexions ne vous ont pas montré, dans toute leur réalité, les défectuosités juridiques de cette loi, et ne suis-je pas dans la vérité, lorsque plaçant en quelques mots sous vos yeux, toutes les contradictions qu'elle renferme, je vous dis : quelle loi est-ce donc cette loi qui charge une juridiction criminelle de juger de simples délits et qui exige que cette juridiction criminelle n'applique que des peines correctionnelles ?

* * *

Mais ce n'est là que pure spéculation. Entrons dans le domaine de la réalité. Une loi ne peut être jugée bonne ou mauvaise que lorsque l'expérience et les années l'ont montrée telle. Eh ! bien, voilà neuf ans que nous vivons sous l'empire de la loi de 1881, voilà neuf ans que nous en faisons l'essai, Que voyez-vous ? Qu'entendez-vous ?

Ah ! Messieurs. il est beau et noble le rôle que peut jouer, dans un peuple libre et grand, une institution comme le journal !

Le journal ! Mais il pourrait être le gardien le plus sûr de nos libertés, de notre grandeur, de nos intérêts, de nos droits ! Il pourrait être l'avant-garde marchant à la conquête de tous les progrès et de toutes les réformes, la lumière qui éclairerait la nation tout entière. Et pour cela quelles qualités lui faudrait-il ? De l'honnêteté, de la modération, de la justice, voilà qui serait plus que suffisant pour que la France le suivît. Combattre toutes les malhonnêtetés, flageller toutes les incapacités, déshabiller toutes les hypocrisies, non pas avec la violence, non pas avec l'injure, non pas avec la calomnie et la diffamation, mais avec ces armes redoutables : la vérité, l'impartialité, la justice, n'est-ce pas, je vous le demande, un rôle admirable entre tous ?

Au lieu de cela qu'avons-nous vu ? A quel attristant et déplorable spectacle avons-nous assisté ? Les plus basses passions se sont déchaînées. L'injure, la calomnie, la diffamation n'ont pas connu de bornes. Il a suffi d'être un citoyen probe et honnête, un serviteur désintéressé de la patrie, un homme de talent, pour être la victime des plus horribles violences du journal.

Les accusations les plus perfides et les plus odieuses ont sali les hommes les plus respectables. Rien ni personne n'a trouvé grâce. L'invective et l'outrage ont remplacé la discussion. Les vilenies et les bassesses se sont accumulées. L'infâmie, comme un flot sans cesse montant, a atteint tout le monde, sans respect pour un passé parfois tout de dévouement et d'honneur, malgré les services rendus, la gloire justement acquise, le talent à bon titre incontestable. Tous les hommes politiques ont été atteints ; tous les partis ont été salis ; tous les gouvernements ont été injuriés et diffamés. La boue a atteint tout le monde. La langue du bagne est devenue la langue officielle de la France. « Quand « un journaliste, dit un publiciste éminent et que la contagion n'a pas atteint, traite un ministre d'assassin, cela « veut dire tout simplement qu'il n'est pas d'accord avec « lui sur la nécessité de modifier la loi sur la vaine pature « ou le mur mitoyen ! »

Voilà, Messieurs, rappelée en quelques mots, l'histoire du journalisme dans les huit ou neuf dernières années.

Cela ne suffit-il pas pour juger en dernier état de cause

ce que vaut cette loi dont on a fait si grand bruit ? La loi de 1881 a été impuissante à enrayer le mal ; bien au contraire, elle n'a fait que l'encourager et le grandir ; elle a multiplié les scandales, et l'audace vraiment criminelle de certains journaux a trouvé, dans son impuissance, de précieux encouragements.

Il est des lois funestes qui sont impuissantes à punir les infractions qu'elles sont destinées à réprimer. Ces lois sont un malheur public parce qu'elles déséquilibrent l'ordre social. Mais il est des lois plus déplorables encore et qui mettent en péril l'existence même d'une nation. Ce sont celles qui, non contentes de leur impuissance à réprimer des actes que la morale réprouve, favorisent ces actes mêmes, en les couvrant d'une apparence légale.

L'histoire dira plus tard, si ce n'est pas parmi ces dernières qu'il faut placer la loi de 1881.

*
* *

Si tels ont été les résultats de la loi de 1881, et il faudrait être bien aveugle pour nier les déplorables évènements dont nous sommes les spectateurs et les victimes, — si la loi de 1881, impuissante à arrêter le mal dont la France souffre, l'a au contraire développé et grandi, que faut-il dire si ce n'est que cette loi doit disparaître de nos Codes ? — La liberté de la presse, telle qu'elle se pratique aujourd'hui, est un péril social contre lequel la France doit chercher à se défendre.

Ah ! je sais bien, Messieurs, — et c'est là un des arguments qu'ont invoqué de trop ardents amis du journalisme, — je sais bien qu'on a affirmé et essayé de démontrer que le journal était impuissant, que le considérer comme un danger, c'était lui faire trop d'honneur et lui prêter une influence qu'il n'a point sur les foules. Le journal, dit-on, mais c'est une fumée qui se dissipe aussitôt qu'elle est née ! Prêter de l'influence au journal, croire qu'il joue un rôle dans la Société, c'est une illusion, autant dire une folie. Il fait beaucoup de bruit, on veut bien le concéder. Mais quelles sont les conséquences de tout ce fracas ? Nulles assurément. Oui, le journal s'agite, se démène semble remuer ciel et terre ; certainement il crie si haut que la France en est quelquefois étourdie. Mais tout cela ne fait aucun mal, car la presse est radicalement impuissante. Cette averse de théories et de doctrines qui, chaque jour, s'abattent sur nous, allant de la raison la plus saine à la plus criminelle folie, c'est la pluie qui tombe quelques minutes à torrent et ne parvient pas à pénétrer le sol.

Monsieur de Girardin est la personnification même de cette étrange doctrine. C'est lui qui l'a soutenue le plus ardemment, avec cette habileté, cette souplesse d'esprit, cette plume alerte et subtile, cet esprit brillant et paradoxal qui ont fait de lui le plus grand polémiste de ce siècle.

Et comment voulez-vous, disait-il, que la presse ait une influence quelconque sur les masses ? Elle n'agit pas ; elle subit seulement la pression de l'opinion. Bien loin d'être dirigée par le journal, c'est l'opinion qui mène le journal. Le journal est entraîné par le grand courant de la pensée publique. Quand la voie est tracée, il essaye seulement d'aller plus vite. Si, à un moment donné, le journal peut agir, ce n'est pas qu'il soit puissant et que son influence s'étende sur les foules ; c'est tout simplement qu'il est de l'avis de ces dernières.

Voilà, Messieurs, résumé à grands traits, ce qu'affirmait M. de Girardin, avec l'ardeur et l'esprit que vous savez.

Mais il ne suffisait pas d'affirmer ; il fallait encore démontrer et prouver. Le gant, en effet, avait été relevé. Le grave *Journal des Débats* avait accepté la bataille.

Et le paradoxal écrivain de prendre alors des exemples. Supposez, disait-il, qu'un journal ait faussement annoncé que tel négociant a déposé son bilan. Le fait, étant faux, sera rectifié dès le lendemain. Que restera-t-il de cette calomnie ou de cette erreur ? « Est-ce qu'il est au pouvoir « d'un journaliste qui aura annoncé qu'un négociant a « déposé son bilan, de faire que ce fait qui est faux soit « vrai ? Evidemment non ! »

Eh ! bien, supposons, Messieurs, qu'en effet, la rectification se produise, qu'elle vienne assez tôt, que même elle soit lue par tous ceux qui ont appris la fausse nouvelle, est-ce que le négociant visé n'en sera pas néanmoins frappé et atteint dans son crédit ? Le crédit, mais c'est chose d'essence incertaine, fragile par excellence. Croyez-vous que, malgré l'évidence même, ce crédit ne diminuera pas un peu, ne sera pas un peu suspecté ? Et n'est-il pas éternellement vrai le mot célèbre : Calomniez, calomniez ; il en restera toujours quelque chose ?

Mais, examinez une minute ce qui se passe tous les jours autour de nous, ce que nous faisons et pensons nous-même, avec la meilleure foi du monde ! N'avez-vous pas entendu dire cent fois, d'un ministre ou d'un homme public, qu'il était indigne de ses hautes fonctions ou du rôle qu'il joue dans le monde politique ? Et lorsque quelqu'un, plus sage et plus juste, fait remarquer que les accusations ne reposent sur rien, que les malversations dont on parle ne sont pas prouvées, n'avez-vous pas entendu répondre le plus souvent, n'avons-nous pas répondu nous-mêmes : Oui, cela est vrai ; oui, les preuves manquent... Mais il a couru de si étranges bruits !...

Et ces bruits qui les a répandus presque toujours ? Le journal. Qui a semé les soupçons dans toutes les classes de la Société ? Le journal. Et lorsque l'honnête homme calomnié est monté à la tribune, lorsqu'avec indignation, il a démontré toute la fausseté des accusations et placé sous les yeux de ses auditeurs, sa vie toute d'honneur, de probité, de dévouement, le public sourit, hausse les épaules et répète cette parole de ce que l'on a, je ne sais pourquoi, appelé la sagesse des peuples : « Bah ! il n'y a pas de fumée sans feu ! »

Voilà le premier exemple de M. de Girardin. Il ne valait pas grand chose, il faut l'avouer. Et lorsqu'on disait au Directeur de la *Presse*, battu dans son premier argument : Mais n'entendez-vous pas ces appels aux armes, à la guerre civile que certains journaux répètent chaque jour ? Croyez-vous que cela n'ait pas, a la fin, des conséquences déplorables ? Croyez-vous que les imaginations folles ou criminelles restent insensibles à de telles provocations ? M. de Girardin répondait : Un journaliste pousse ses concitoyens à la guerre civile ? Eh ! bien, de deux choses l'une : ou il se bat, ou il ne se bat pas. S'il se bat, vous l'arrêtez et le faites fusiller. S'il ne se bat pas, « que deviendra, le lendemain, son prestige de la veille ? Alors même qu'elle est imprimée, la « parole n'est rien par elle-même ; elle n'est qu'à la condition de se transformer en acte. »

Est-il utile, Messieurs, de s'arrêter à discuter pareille argumentation ? Cela soutient-il l'examen même le plus rapide ? Mais M. de Girardin lui-même a répondu à ses étranges théories, lorsqu'en 1849, dans son livre, *les Droits de la Pensée*, il appelait le journal « cette puissance « absolue, empire sans frontières, qui a pour milice toutes « les passions de la multitude, qui mène les peuples et qui « dépose les rois. »

Et qu'on ne dise pas encore, pour établir l'impuissance et l'inocuité du journal : il n'y a qu'un juge de l'erreur, c'est la vérité. Les journaux sont légion. Il y en a de toutes les opinions et de toutes les idées. Les théories malsaines que celui-ci émettra seront combattues, annihilées par les sages conseils de celui-là. C'est à M. de Girardin encore que j'emprunterai une irréfutable réponse.

« Entre la liberté du pour et la liberté du contre, dit-il « dans l'ouvrage que je vous citais tantôt, où est le juge. « Je connais votre réponse, vous allez me dire : c'est le « public. Détestable réponse ! Vous imprimez le pour dans « la *France* ; j'imprime le contre dans la *Presse*. Est-ce « que l'abonné de la *France* est l'abonné de la *Presse* ? « Comment le lecteur de la *France* sera-t-il juge de ma « réponse ? »

Non, Messieurs, il faut le reconnaître et, malheureusement, le déplorer, le journal exerce sur le peuple français une influence considérable et toute puissante. Comment en effet, ne pas admettre l'action du journal sur ses lecteurs après les leçons de l'histoire ? Rappelez-vous les événements qui ont marqué ce siècle et cherchez-en l'origine, la cause. Qui a renversé Louis XVIII ? La presse. Qui a chassé du trône Louis-Philippe ? La presse encore. Mais il y a un fait plus topique. Vous savez avec quel art admirable quelle habileté souveraine, le second empire était organisé.

Vous savez aussi à quel silence presque complet le journal avait été réduit à cette époque heureusement oubliée. Et cependant, lorsque vers les dernières années, l'empire chancelant se jetait dans la guerre pour sauver un trône qui semblait s'écrouler, qui donc si ce n'est le journal, avait si fortement secoué le colosse qu'il sentait le sol trembler sous ses pieds ? Qui donc encore, si ce n'est le journal, avait contraint Napoléon III à ces lois libérales qui marquèrent les deux ou trois dernières années de son règne ?

L'opinion publique ? Mais elle n'existe que par le journal. Le journal la plie et la façonne à son gré. C'est un feu qui sommeille. Pour qu'il brille tout à coup, il faut que la presse le remue et l'attise. Voyez les derniers événements auxquels nous avons assisté nous-mêmes. Ne trouvez-vous pas dans tous l'influence et l'action du journal ? Et cela est facilement explicable. Le régime qui est aujourd'hui celui de la France est fondé sur la volonté de tous. C'est le suffrage universel qui est notre maître, notre roi. Lorsque les classes intelligentes et cultivées de la Société française ont un vote à émettre elles le pèsent et le réfléchissent. Mais, croyez-vous que le peuple, c'est-à-dire le plus grand nombre, ait le loisir et les moyens d'analyser sa volonté, de la discuter, de l'émettre librement et suivant les données de sa raison ? Non, il ne le peut pas. Et c'est dans le journal qu'il va puiser les motifs qui dicteront ses préférences.

Le journal impuissant ! Mais pensez-vous que des hommes comme Napoléon Ier, et ceux qui plus tard dirigèrent Napoléon III, qui ont pourchassé le journal, l'ont impitoyablement frappé, ont essayé de le tuer par les lois les plus despotiques, ont été guidés seulement par une haine injustifiée ? Non, Messieurs, si tous les régimes qui, depuis un siècle, ont gouverné la France, ont tous essayé, à un moment donné, de baillonner le journal, c'est qu'ils savaient que le journal possédait une royauté de taille à vaincre la leur et une puissance assez forte pour briser leur pouvoir si formidable qu'il parût.

Pardonnez-moi, Messieurs, d'avoir si longtemps insisté sur d'aussi insoutenables doctrines. Si je l'ai fait, c'est que je sais que la théorie de l'impuissance, ou plutôt de l'inocuité de la presse n'est pas morte. Dans quelques jours peut-être, on l'apportera à nouveau à la tribune du Parlement, et j'ai voulu vous prémunir contre elle.

Dans les ardentes polémiques qu'a soulevées un projet de loi dont nous aurons à nous préoccuper bientôt, un journaliste qui est en même temps un député, disait, pour défendre la presse : Oui, je reconnais que la presse a commis, dans ces dernières années, bien des abus. Vous dites qu'elle est un poison pour la France ? Soit, mais reconnaissez que ce poison a été impuissant à tuer la France, qu'elle y est habituée, et que, par conséquent, il est sans effet. Dès lors, pourquoi modifier ce qui existe ?

Permettez-moi, Messieurs, de vous rappeler la réponse spirituelle que M. Em. Arène, un autre député-journaliste faisait à cette argumentation pour le moins étrange. « Et si « disait-il en rappelant les paroles de M. Millerand, et si « dans quatre ans, ce qui n'a pas réussi cette fois, réussit « alors, on s'en consolera en songeant à l'histoire de l'âne « qui mourut après dix jours de jeûne, juste au moment « où il s'habituait à ne pas manger ! »

*
* *

Il convient donc, Messieurs, de rechercher par quel régime nouveau il faut continuer l'expérience commencée il y a un siècle déjà.

Trois systèmes ont été tour à tour préconisés ou essayés.

Le plus ancien est celui des pouvoirs absolus ou de ceux qui, se sentant mourir, cherchent à défendre leur existence. Sous ce régime, pas de liberté pour le journal. Il est baillonné ou étranglé, sous le couvert de la loi ou des mesures administratives, par l'autorité publique. Deux dangers, mortels tous les deux, menacent le journal : les mesures préventives et les mesures répressives.

Les premières, vous les connaissez ; je vous les ai rappelées déjà, et l'histoire du journal sous le deuxième empire vous en a révélé tous les secrets.

Par la déclaration et l'autorisation préalables, le pouvoir empêche, à son gré, les journaux de naître. Il l'accorde, s'il lui convient ; il la refuse, s'il lui plaît.

Par le droit de retirer cette autorisation, sous les motifs les plus futiles, par le droit de suspension qui souvent équivaut à la mort — car les absents sont vite oubliés — par la suppression, sous certaines conditions qu'on peut toujours tourner quand on est le plus fort, le pouvoir public tient dans ses mains la vie ou la mort des journaux. Par la censure facultative, la critique et la discussion disparaissent. Et pour couronner l'œuvre, pour achever de placer le journal sans défense et sans armes sous la main toute puissante de l'arbitraire, le cautionnement, les droits de timbre, les impôts exagérés sur le papier.

N'est-ce pas qu'en voilà assez pour qu'un gouvernement puisse agir à son aise et sans craindre la moindre opposition de presse ?

Et cependant les mesures répressives viennent encore rendre plus formidable ce formidable arsenal de mesures despotiques. Sous le régime que nous étudions en ce moment, les délits de presse sont arbitrairement définis et prévus, les pénalités d'une sévérité exagérée.

Faut-il, Messieurs, s'attarder longtemps à démontrer combien ce système est contraire aux règles primordiales de la justice et de l'équité, aux principes qui sont la base même d'une société moderne ?

La pensée doit être libre. C'est une règle, la plus sacrée de toutes, du pacte social. La pensée est le patrimoine le plus précieux de l'être humain. Il faut qu'en tout temps, qu'en toute circonstance, elle puisse librement se produire. Arrêter l'essor de la pensée humaine, l'asservir par des lois tyranniques, c'est rabaisser l'homme à la brute. C'est par la pensée que l'homme est supérieur à tout ce qui l'entoure dans la nature. Lui enlever le droit de penser, c'est-à-dire tuer en lui la plus admirable des facultés, c'est le rendre l'égal de la plante qui végète ou de l'animal que l'instinct seul dirige. Or, qu'est le journal, si ce n'est une forme de la pensée, une manifestation du droit de penser ?

Et de quel droit du reste ces mesures préventives ? Du droit, dit-on, qu'ont tous les gouvernements, du devoir qui leur incombe de défendre l'universalité des citoyens contre les outrages de quelques-uns ? Ah ! Messieurs, quelle déplorable doctrine et quel sophisme ! Quoi ? on pourrait empêcher la pensée de se produire parce qu'elle pourrait être criminelle... peut-être ? On pourrait m'empêcher de discuter librement, sous ma responsabilité, à mes risques et périls, sous le prétexte odieux et inique que ma discussion peut être un danger pour l'ordre social ? Autant vaudrait alors condamner à la prison préventive perpétuelle tous les citoyens, sous le prétexte qu'un jour ils peuvent devenir des voleurs ou des assassins ?

La pensée a le droit d'être pauvre. Les pauvres ne doivent pas se taire, et le cautionnement, les droits de timbre, les impôts exagérés sur le papier d'imprimerie veulent la pensée riche.

La censure, est-il utile d'en parler, Messieurs, et n'est-ce pas la forme la plus odieuse de l'arbitraire ?

Le temps des mesures préventives est, je l'espère, à tout jamais disparu. Mais que les esprits autoritaires qu'un tel régime séduirait ne s'y trompent pas. Enlever toute liberté au journal, c'est le rendre plus dangereux encore pour la société. Lui arracher tous ses droits, l'asservir, le dominer, c'est lui imposer la haine et la révolte. « Quel est, en effet, « disait Benjamin Constant, le résultat de toutes les atteintes « portées à la liberté des écrits ? D'exaspérer les écrivains « qui ont le sentiment de l'indépendance inséparable du « talent, de les forcer à recourir à des allusions qui « deviennent amères, parce qu'elles sont indirectes, de « nécessiter la circulation de productions clandestines et « d'autant plus dangereuses, d'alimenter l'avidité du public « par les anecdotes, les personnalités, les principes séditieux, « de donner à la calomnie l'air toujours intéressant du cou- « rage, enfin d'attacher une importance excessive aux « ouvrages qui sont défendus. »

*
* *

Le régime de la liberté absolue est l'antithèse du régime que nous venons d'examiner.

Le journal absolument libre, sans règles, sans frein pour le retenir, ah! Messieurs, qui donc peut y songer après les cruelles épreuves et les dures leçons de l'expérience? Et cependant il n'est pas permis de passer à côté de cette doctrine sans s'y arrêter un moment et sans l'examiner sérieusement.

Les plus grands esprits l'ont prônée. Ils ont vu en la liberté absolue du journal le remède à tous les excès, à tous les abus, à tous les maux, les uns, comme M. de Girardin, parce qu'ils croient le journal impuissant et sans danger; les autres parce qu'ils estiment que la liberté assagit ou que, ainsi que le dit Le Play, dans la *Réforme sociale* « la liberté « de propager l'erreur et le mal par la parole et la presse « a pour correctif naturel la liberté de propager par les « mêmes moyens la vérité et le bien. »

Tous les citoyens, disent les partisans de la liberté absolue du journal, jouissent de la liberté la plus complète et la plus large. Pourquoi n'en serait-il pas de même du journal? De quel droit voulez-vous le mettre hors la loi commune? La liberté est inscrite dans la Constitution. Tout homme y a droit. Pourquoi alors limiter le seul journaliste dans l'exercice de son indépendance, pourquoi le priver de ce qui est le droit de tous les autres?

Voilà le premier argument que fait valoir le journal.

Chaque fois qu'apeuré par des abus excessifs et dangereux, le législateur a voulu essayer de remédier au mal qui rongeait le pays, cet argument a retenti avec une force désespérée. On a crié à la tyrannie ; on a pris les airs intéressants de la victime qu'on persécute. Et cependant qu'y a-t-il de vrai dans ces récriminations dont la presse, aujourd'hui encore, fatigue nos oreilles ? La liberté absolue ? Est-ce qu'elle existe pour le citoyen ? Est-ce qu'un citoyen peut faire tout ce qu'il veut et tout ce qui lui plaît, sans règles qui déterminent son indépendance, sans limites qu'il ne peut dépasser, sans frein qui l'arrête au point qu'il ne doit pas atteindre ? Oui, le citoyen est libre — et c'est le grand honneur de ce siècle — mais son indépendance connaît des bornes que la loi a tracées. La liberté de tout homme s'arrête là où elle violerait la liberté d'autrui.

Et alors, reprenant les formules mêmes dont se servait tantôt le journal, nous lui disons : De quel droit seriez-vous hors la loi commune ? De quel droit vous placeriez-vous au-dessus de la règle qui régit les autres citoyens ? De quel droit ne connaîtriez-vous de responsabilités d'aucune sorte et jouiriez-vous d une liberté si illimitée que la liberté de la France entière en serait amoindrie ou violée ? Est-ce, ainsi que vous le dites, parce qu'il est permis de croire à votre conscience et à votre honnêteté et d'avoir confiance en elles ? Ah ! messieurs, que le journal est mal venu, n'est-ce pas, à invoquer sa probité devant des hommes qui vivent neuf ans après la loi de 1881 ? Depuis neuf ans, les journaux jouissent d'une liberté qui n'est pas encore celle qu'ils rêvent, mais qui était un acheminement vers elle. Qu'en ont-ils fait ? Vous le savez ; je vous ai raconté comment ils en ont odieusement abusé. Et, cependant, des lois maintenaient encore le journal par la crainte des pénalités qu'elles édictaient. Que sera-ce alors et que verrons-nous si le journal est au-dessus du droit commun, si la liberté est absolue, s'il peut se jouer des règles devant lesquelles nous devons nous incliner? Sera-t-il plus sage? Et pourquoi cela serait-il? Est-ce dans sa nature? Est-ce seulement possible? L'histoire ne parle-t-elle pas contre de telles prétentions?

Et ne croyez pas, Messieurs, qu'en insistant si vivement dans la démonstration de ces vérités que je voudrais vous faire accepter dans toute leur rigueur, je me laisse entraîner par je ne sais quelle haine injustifiée de la presse? Mes pensées sont plus hautes. Et si je veux vous faire partager la conviction qui m'anime, c'est que mon âme est pleine d'un patriotique effroi. Ne voyez-vous pas la France agonisante sous le talon des journaux? Ne voyez-vous pas la haine et le mépris sans cesse grandissants entre les citoyens? Ne voyez-vous pas les partis s'épuiser en de continuelles luttes? Est-ce que le niveau politique ne baisse pas un peu plus chaque jour? Où sont les grands hommes d'Etat qui ont fait la France puissante et respectée? En voyez-vous autour de vous? Où sont-ils? Et qui donc a créé ce grand vide? Qui donc a fait ce désert? Qui donc a épuisé ce sang français si généreux et si puissant, si ce n'est cette presse dont l'influence, sans cesse grandissante, démoralise les masses, favorise les incapacités, tue le génie et la probité?

Ah! Messieurs, il faut aujourd'hui avoir l'âme cuirassée de surhumaine façon pour affronter la responsabilité des charges publiques.

Le journal est là qui veille sur l'homme qui s'élève; il le guette au passage, et lorsque cet homme se hâte où le devoir l'appelle, du haut de l'impunité qu'une loi néfaste lui assure, le journal déverse sur lui des hottées d'injures, de calomnies, de mensonges.

Et c'est à une pareille institution qu'on veut donner la liberté absolue ? C'est elle qu'on veut mettre au-dessus des lois qui régissent la société entière ? Qu'on veut livrer à elle-même, sans autre guide que son honnêteté, sans autre loi que sa conscience ? Vraiment, je m'en veux, Messieurs, d'abuser ainsi de vos instants pour discuter de pareilles doctrines !

*
* *

Je sais bien que l'on peut dire encore que si le journal a fait, depuis longues années, bien du mal à la France, il l'a servie aussi — et que je laisse volontairement dans l'ombre le bien qu'il a pu faire.

Certes, Messieurs, je n'ai jamais songé à nier les bons offices de la presse — et encore moins le rôle glorieux qu'elle pourrait jouer dans la Société. Je me suis, ce me semble, clairement expliqué à ce sujet. Mais là n'est pas le problème et la question à résoudre est tout simplement celle-ci : le journal a-t-il fait du bien à la France depuis que règne la liberté ? Au contraire, n'a-t-il pas toujours abusé de cette liberté, lorsque celle-ci n'était pas très sévèrement mesurée ? Là est la question et là seulement — et je laisse à vos consciences le soin d'y répondre. Permettez-moi seulement de vous rappeler ce que M. de Girardin disait, il y a longtemps déjà. M. de Girardin connaissait bien le journal ; il l'a pratiqué toute sa vie. Qui donc pourrait nous édifier plus complètement et plus impartialement ? — « Le mal que fait le journalisme, dites-vous,

« est amplement compensé par le bien qu'il fait? Alors, il « faut reconnaître que le journalisme montre ouvertement « le mal et cache soigneusement le bien. Le bien, je le « cherche avec bonne foi et ne l'aperçois pas; le mal, je « le vois partout! — Sans doute, parfois le journalisme « prévient un passe-droit, rend un abus plus timide, fait « prévaloir une vérité salutaire. Mais aussi que de titres il « déclare légitimes et qui ne le sont pas! Que de passions « mauvaises il fait fermenter! Que de préjugés il flatte « servilement! Que d'erreurs il propage! Que de faux « jugements il rend! Que de désordres il jette dans les « esprits! — Ne dites donc pas que le journalisme guérit « les blessures qu'il fait. Les coups qu'il porte et les plaies « qu'il laisse sont trop nombreux pour que quelques mains « suffisent à les panser. Le croire serait le fait d'un orgueil « coupable. Cette illusion perfidement entretenue a déjà « beaucoup trop duré. Il serait temps qu'elle se dissipât, « si nous ne voulons pas tous, un jour, disparaître sous les « ruines que nous faisons..... La polémique est une trans- « formation de la tyrannie qu'on ne saurait trop étroite- « ment restreindre et trop sévèrement réprimer. C'est « l'absolutisme moderne tombé des mains d'un seul dans « les mains de plusieurs, avec toute son intolérance et « moins sa majesté. »

*
* *

Avant la loi de 1881, on émettait encore un argument qu'on n'osera plus, je crois, produire aujourd'hui en faveur de la liberté absolue de la Presse. On disait alors: Essayez de ce régime, tentez l'expérience et vous verrez quels résultats elle donnera. Au commencement, les théories les plus folles se produiront, des abus sont possibles. Mais cela ne durera pas. La presse, peu à peu, diminuera ses exagérations; tout s'apaisera et rentrera dans l'ordre, car le bon sens public aura raison de toutes les audaces.

Est-ce soutenable, cela ? Croire que la vérité et la justice l'emporteront sur le mensonge et le mal, c'est oublier que le journal moderne s'adresse surtout aux classes les moins éclairées de la Société ; c'est oublier qu'il est, en ce pays, une classe de citoyens, la plus nombreuse, qui peinent et qui souffrent et sur lesquels l'instruction n'a point encore jeté sa vivifiante lumière. C'est oublier qu'il est des citoyens dont la misère est le lot, dont les besoins sont par conséquent impérieux et les passions ardentes, et qui se laisseront toujours griser par les plus folles théories et les utopies les plus dangereuses. Que le journal ne s'adresse qu'à des lecteurs éclairés, intelligents, instruits, rompus aux habiletés de langage et d'argumentation, qui ne se laisseront pas leurrer et tromper, alors la liberté absolue de la presse ne sera pas un danger social. Elle ne fera certainement pas de bien — mais le mal qu'elle pourra faire sera peut-être très réduit et presque négligeable. Si non, souvenez-nous des éloquentes paroles que M. Thiers prononçait à la tribune française lors de la discussion d'une loi sur la presse : « Il ne peut y avoir aucune liberté illi-
« mitée. La liberté illimitée !... C'est la société barbare !...
« En matière de presse, peut-il y avoir une liberté illi-
« mitée ? Il faudrait, pour le soutenir contre moi, me dire
« qu'on ne peut pas faire à autrui autant de mal avec la
« pensée, avec la parole, avec l'écriture, qu'avec son bras ;
« il faudrait supposer une société grossière et avilie, pour
« imaginer qu'en outrageant un homme, on ne lui fasse

« pas autant de mal qu'en le frappant. Si donc la parole « peut être une arme aussi redoutable que le bras, il faut « bien en vertu du même principe, arrêter, limiter cette « liberté de se servir de sa pensée, de sa parole, de sa « plume ; il faut la limiter, comme toutes les libertés à la « liberté d'autrui. »

Chateaubriand, en 1827, défendait aussi la liberté de la presse. Et lorsqu'on lui disait : Mais la liberté de la presse a des abus ! « Qui l'ignore, répondait l'immortel écrivain ? « Aussi cette liberté ne peut exister, qu'ayant derrière elle « une loi forte qui prévienne la prévarication par la ruine, la « calomnie par l'infamie, les écrits séditieux par la prison « ou l'exil. C'est aux risques et périls de l'écrivain que je « demande pour lui la liberté sans laquelle la Constitution « n'est qu'un jeu. »

*
* *

Je n'ai traité jusqu'ici, Messieurs, cette grave question de la liberté de la presse qu'à un point de vue tout à fait général. Il est un autre point de vue plus particulier et plus important encore dont je n'ai rien dit, car il est des questions qu'il est inutile d'aborder devant un auditoire comme celui que mes amis du stage m'ont donné le bonheur d'avoir aujourd'hui. Je veux parler de cette presse méprisable qui est un outrage incessant aux bonnes mœurs.

Avez-vous pensé quelquefois, Messieurs, à l'affreux mal que cette sorte de presse fait à la France ? — La presse pornographique abêtit les plus nobles sentiments, dégrade la nature humaine, flatte les plus basses passions, excite les plus détestables appétits.

N'est-ce pas une honte, Messieurs, que cette presse puisse s'étaler librement et au grand jour ? — Et c'est à ce spectacle honteux que chaque jour nous assistons ! Les journaux de ce genre offrent à tous les yeux des dessins pires quelquefois que la pire licence. Et ces dessins, tout le monde les voit. On les expose derrière les vitres de tous les marchands. Ils vicient l'âme de la jeunesse ; ils rougissent le front de tous les passants. Ne vous êtes-vous jamais demandé, Messieurs, si là n'est pas le secret de ces crimes atroces, commis souvent par des misérables qui sont encore des enfants ? Ne vous êtes-vous jamais demandé si cette démoralisation chaque jour plus grande, lèpre hideuse qui envahit la France et la gangrène, n'a pas sa source dans cette licence extrême des journaux de l'espèce dont je vous entretiens ?

Et le mal alors ne deviendrait-il pas incurable si cette liberté qu'on demande nos lois l'accordait toute entière ? Car enfin la liberté absolue du journal, suppose la liberté la plus complète de l'injure et de la calomnie ? De quel droit alors pourrait on continuer à frapper une manifestation particulière de la pensée qui, au lieu de s'en prendre, de s'attaquer à son honneur, attaquerait l'âme de la France ?

Je ne saurais, Messieurs, vous démontrer avec la force et la grandeur de pensée qui conviendraient à un tel sujet, quel immense danger fait courir à un pays la licence des publications périodiques. — D'illustres penseurs et de grands moralistes l'ont fait avant moi ; vos consciences ont applaudi à leurs sages paroles. Il me suffit pour ma part d'attirer votre attention sur cette question si véritablement sociale — et je croirai avoir rempli mon devoir.

*
* *

La loi de 1881 que nous avons étudiée tout à l'heure a sa place entre les deux systèmes, l'un trop despotique, l'autre trop libéral que je vous ai tour à tour rappelés. Elle eût été bonne si elle avait su se garder également de toutes les exagérations. Mais issue de ce principe qu'on ne saurait donner au journal trop de liberté sous un régime libéral, elle a finalement abouti au résultat que j'ai essayé de vous dépeindre et dont j'ai tenté de vous retracer les lamentables conséquences.

Le moyen que le législateur de 1881 a choisi, et non sans raison, avons-nous dit, pour réaliser la réforme qu'il désirait et dans le sens qu'il souhaitait, c'est l'attribution au jury des infractions du journal. — Le Jury !... Voilà, Messieurs, où est le cœur du problème dont je me suis donné la lourde tâche de faire passer sous vos yeux toutes les données. — Le jury a gagné l'amour des foules; il jouit de toutes les tendresses de l'opinion. — Si j'essayais de dire ce qu'il est et ce qu'il vaut devant un tout autre auditoire, mes craintes seraient grandes, je vous l'avoue, et ce serait à un procès perdu d'avance que j'aurais consacré mes forces. Mais devant vous, Messieurs, qui le voyez fonctionner, qui le pratiquez vous-mêmes, qui l'avez étudié non seulement en théorie, mais encore dans la pratique, ne dois-je pas être bien sûr d'une approbation complète, et, ce qui est mieux, basée sur une parfaite connaissance ?

Que vaut en général comme institution judiciaire le jury français ? Rien, il ne faut pas hésiter à le dire. Quels services a-t-il rendus depuis qu'il fonctionne dans ce pays ? Aucun, on doit l'avouer courageusement.

Le Jury est une justice essentiellement impressionnable et mobile. Il n'a aucune des qualités qui font la justice solide, impartiale, aussi impeccable que peut l'être une institution humaine. La justice doit être froide et immuable ; le jury est surtout passionné et changeant. Ce n'est pas le juge qui rend un verdict ; c'est un homme qui n'a pas compris la gravité de la mission que la société lui a confiée, qui n'a pas la conscience de la responsabilité qu'il a assumée, qui n'a su ni pu dépouiller ses passions avant d'entrer dans le prétoire.

La justice doit être sévère ; le plus souvent le jury laisse pencher sa balance du côté de l'indulgence. Les causes les plus étrangères au procès ont sur lui une immense influence. Il se laisse attendrir, alors que le respect de la loi devrait seul emplir son âme. Il se laisse entraîner, on ne sait pour quelles causes ni par quels motifs.— Voyez cette catégorie de crimes que l'on a, si je ne me trompe, appelé des crimes passionnels. Voyez-vous souvent le jury condamner ? Non, il acquitte presque toujours.— Peu importe la victime ; peu importe quelle soit parfaitement innocente ! Il suffit que l'amour ou la jalousie ait armé la main d'un assassin, pour que cet assasin mérite toutes les indulgences, je dirais presque toutes les tendresses. Le résultat de ces déplorables tendances, vous le connaissez. C'est la France chaque jour un peu plus américaine, c'est le revolver dont l'usage est consacré dans toutes les querelles intimes ; c'est la civilisation rétrogradant à grands pas vers le moyen-âge, la force et la violence suppléant la loi.

Si tel est le jury, que voulez-vous qu'il fasse, lorsqu'on

amènera à sa barre, non point des crimes de droit commun, mais des délits d'opinion ? Est-il téméraire de penser que l'acquittement sera la règle, une condamnation la très rare exception ?

Vous le savez mieux que moi, Messieurs, dans les affaires ordinaires, le jury hésite, tremble, fuit la vérité. Le Juré n'a pas l'expérience des affaires. Sa responsabilité l'effraye. Choisi au hasard, souvent d'intelligence bornée, ébloui, étonné, intimidé par l'apparat de la justice et sa solennité, fatigué par de longues heures d'un débat qui nécessite une attention de tous les instants, dérouté par les plaidoiries, le juré ne peut se résoudre à prononcer un verdict affirmatif. Pour qu'il le fasse, pour qu'il se souvienne que la Société aussi a le droit et le devoir de se défendre, il lui faut l'évidence matérielle. Or en matière de délits de presse, l'existence matérielle n'existera jamais. Et alors le juré est tranquille ; sa conscience est sans remords ; il se laisse aller à son penchant naturel vers l'indulgence et il acquitte.

Le grand reproche que l'on peut, dans les matières qui nous occupent, adresser aux jurés, c'est qu'ils sont incapables de comprendre la criminalité d'un acte, lorsque cet acte constitue une infraction de presse. Voulez-vous me permettre de vous le prouver ? Cela sera facile, je crois.

Les procès de presse déférés au Jury peuvent en somme se diviser en deux classes : l'une qui comprend les poursuites pour injures, calomnies, diffamations à l'égard des personnages politiques et des fonctionnaires ; l'autre les provocations à des faits qualifiés crimes.

Eh bien ! comment voulez-vous que le Jury condamne un journaliste qui a injurié un ministre ? On a traité un ministre de voleur ou d'assassin ? Le mal est-il si grand que cela ? Est-ce que cela a causé quelque tort à la Société ? Le journaliste a mal fait certainement, mais il s'est laissé entrainer par l'improvisation et l'ardeur de la lutte. Est-ce que le ministre mourra de cette piqûre d'épingles ? Et puis cela se voit tous les jours qu'un ministre soit de la sorte injurié. Il a les honneurs ; quand il en connaîtrait un peu les épines ? Et le juré se sent plein d'indulgence pour le journaliste qu'il croit bien assez puni par sa comparution en Cour d'assises. Et il acquitte, d'autant qu'il craint la sévérité de la Cour. Et qu'on ne dise pas : les jurés condamnent quand les personnages politiques injuriés ou diffamés ont bonne réputation. — Cela n'est pas toujours vrai, mais c'est en outre tourner dans un cercle vicieux. N'est-ce pas, en effet, le journal qui fait la bonne ou la mauvaise réputation des hommes politiques ?

Les jurés ne se rendent pas compte qu'ils donnent ainsi par leur verdict même leur approbation à l'acte coupable et que le journaliste acquitté se servira de leur décision même comme d'un piédestal, grandira dans l'opinion, justifiera par son triomphe ses injures de la veille et y puisera de nouvelles audaces. Et cependant, il est bien vrai le mot de M. de Tocqueville : « Vous parlez de la licence de la presse, disait ce « dernier, et vous marchez vers l'ordre ; que faites-vous ? « Vous soumettez d'abord les écrivains aux jurés, mais les « jurés acquittent et ce qui n'était que l'opinion d'un homme « isolé, devient l'opinion du pays. »

Jamais non plus, vous ne ferez comprendre aux jurés que le prévenu doit seul prouver la véracité des faits que son journal a publiés. Involontairement, de la meilleure foi du monde, c'est à la victime qu'il demande de justifier de son innocence et de se disculper des accusations qu'on lui a jetées à la figure.

Que le journaliste ait pu commettre un acte coupable en provoquant au crime, le juré n'y veut pas croire davantage. Le journaliste s'est laissé aller ici encore à des exagérations de langage ; il a remplacé l'argument qui manquait par la violence. Qu'est-ce que cela fait ? La Société en sera-t-elle atteinte ? Autant en emporte le vent !... Et le Jury acquitte encore.

Est-ce tout ? Hélas non ! Les procès de presse en Cour d'Assises tournent toujours à la comédie.

Permettez-moi de vous rappeler ce que disait, il y a quelques jours à peine, à un rédacteur du *Matin*, un de nos plus éminents confrères, Me Emile Durier, ancien bâtonnier du Barreau de Paris. « Le défenseur, disait Me Durier, oublie volontairement que la Cour d'Assises est un privilége pour le journaliste. Bien plus ! il tire toujours victorieusement avantage de la comparaison toute naturelle qui s'établit entre l'écrivain coupable seulement d'un écart de plume, honteusement assis *sur le banc des assassins et des voleurs*, et le malfaiteur qui s'y asseyait hier. Il s'indigne tout à son aise. Il émeut le Jury en lui dépeignant avec véhémence la disproportion de ce châtiment moral, pire cent fois, dit-il, que la peine la plus sévère ! Que voulez-vous, Messieurs, que fasse le juré, homme simple, facile à émouvoir, prompt à s'attendrir ? Son premier mouvement est un sentiment de pitié et il s'indigne, à part soi, des rigueurs exagérées de la loi.

Ensuite, et presque toujours, l'avocat transporte son système de défense sur un terrain étranger : il plaide à côté, selon l'expression consacrée. Il ne discute pas l'accusation ; il ne s'efforce pas de démontrer logiquement et rationnellement que son client est innocent du délit qui lui est reproché. Il essaie, au contraire, de dérouter l'esprit du juré, de lui faire perdre de vue le véritable motif de la poursuite. Peu à peu il lui fait oublier l'article incriminé. « En « Cour d'Assises, dit Me Durier, le défenseur s'ingénie à « détourner l'attention des jurés de l'objet déterminé de « l'accusation, comme dans l'arène, le toreador détourne le « taureau avec la muleta ou la capa. »

Ah ! je sais bien, Messieurs, qu'il n'en est pas ainsi dans tous les pays. Le Jury anglais, par exemple, comprend autrement ses devoirs. Un document parlementaire, cité par M. C. Clarigny, dans son *Histoire de la presse en Angleterre*, constate que, de 1808 à 1820, le gouvernement anglais intenta 101 procès de presse et fit condamner 94 journalistes.

Mais le Jury français est recruté dans la bourgeoisie française ; voilà sa condamnation. Le Français est toujours frondeur ; il est l'ennemi né, en quelque sorte naturel de tout pouvoir et de toute autorité. Attaque-t-on le gouvernement, le calomnie-t-on, l'insulte-t-on, le foule-t-on aux pieds ? Le Français, *né malin*, trouve cela très spirituel et s'amuse énormément. Il y a vingt ans, peut-être se fût-il fait tuer pour avoir tel régime dont il souhaitait l'avénement, pour lequel il a toujours combattu, qu'il appelait de tous ses désirs — et qu'il possède un jour. Croyez-vous qu'il va se déclarer enfin satisfait et abandonner l'opposition ? Que vous le connaissez peu ! Non, il est, au contraire, de ceux qui rient le plus fort des plus folles attaques. Il n'a de sourires que pour ceux qui combattent le gouvernement de son choix, et rien n'excite autant sa bonne humeur qu'un trait bien acéré ou une calomnie bien aiguë.

Et cela dure longtemps ! Puis vient un jour où quelque

sinistre catastrophe se produit, où la Société tout entière est menacée, où les plus mauvais citoyens deviennent l'autorité toute puissante, où la France est précipitée dans la Terreur ou la Commune. Alors, stupéfait, cet honnête citoyen s'étonne et s'apeure, et se demande quelle cause a pu amener ce triste état de choses. — Mais sa conscience est tranquille et ne lui reproche rien. Ne lui demandez pas s'il a toujours fait son devoir, si la catastrophe il ne l'a pas lui-même amenée : il se révolterait ! Pauvre fou, il ne se doute pas que ces passions déchaînées peu à peu, que ces pires instincts chaque jour excités, que les plus mauvais désirs furieusement entretenus, c'est lui-même qui, par son approbation quotidienne et inconsciente aux actes les plus blâmables, les a déchaînés, entretenus et excités.

Non, Messieurs, le Jury français n'est pas fait pour réprimer les délits de presse. Le journal trouvera toujours grâce devant lui. Il ne comprendra presque jamais ces délits dont le caractère vague, indéterminé arbitraire se trouve tout entier défini dans le nom qu'on leur a donné : délits d'opinion.

*
* *

Mais si j'ai essayé dans une analyse certainement très imparfaite de vous démontrer l'insuffisance fatale, inéluctable du Jury en ces matières, là ne s'arrête pas ma tâche. Le raisonnement humain est incertain. Encore une fois adressons-nous à l'histoire ; demandons-lui si nos spéculations sont d'accord avec ses infaillibles leçons. Lorsqu'une institution, comme le journal, a, depuis un siècle, essayé tous les régimes, c'est à l'expérience qu'appartient le dernier mot. Eh ! bien, que nous apprend l'histoire ? Ne prouve-t-elle pas jusqu'à la dernière évidence que, sous tous les régimes, le Jury n'a jamais su punir les infractions du journal ?

Le 23 mars 1833, la *Tribune* s'exprimait ainsi : « La « royauté l'avez-vous refaite ?... Dites-moi donc où est sa « force ? La tire-t-elle de l'illustration de la maison d'Or- « léans ? Prenez son histoire : *hommes et femmes c'est à* « *repousser de dégout ?* Est-ce de la considération parti- « culière de Louis-Philippe ? Nous consentons à le faire « apprécier par un Jury.... »

Le gouvernement de Louis-Philippe releva le gant et la *Tribune* comparut devant la Cour d'Assises. L'injure était matérielle ; le Jury acquitta.

La *Gazette de France* écrit dans un de ses numéros : « Le jour viendra où celui qui a tramé l'assassinat du vieil- « lard de Chantilly, quelque nom qu'il porte, si haut qu'il « puisse être placé, subira la peine réservée aux assassins, « et la subira aux acclamations de la France. »

L'insulte était encore indéniable ; le jury rendit un verdict négatif en faveur de la *Gazette*.

Le *Brid'Oison*, journal légitimiste, ne peut être condamné pour des phrases comme celles-ci que je choisis entre mille :

« Le prince-voyageur (il s'agit du duc d'Orléans) garde « sur toute sa route le plus sévère incognito que favorise « la boue dont ses armes sont couvertes (1). »

« Louis-Philippe ne joue jamais d'argent au jeu : pas si « bête ! Il ne joue que l'honneur, encore est-ce toujours à « qui perd gagne (2). »

(1) Numéro du 9 janvier.
(2) Numéro du 27 janvier.

Le *Charivari* est aussi heureux devant la Cour d'Assises. Et cependant écoutez deux des articles poursuivis :

« Le Petit Foutriquet (c'est M. Thiers qui est désigné),
« court les grandes routes. En voyage comme en politique,
« il ne marche pas, il vole (1). »

« Moins heureux que M. Thiers, cinq ou six voleurs
« faisant partie des bandes qui infestent Paris ont été
« arrêtés hier par les soins de la police... (2). »

Le 26 mai 1846, dans un rapport qu'il adressait à Louis-Philippe, le Comte Duchatel écrivait : « Le roi aura pu
« remarquer une condamnation prononcée par le Jury de
« Toulouse contre la *Gazette de Toulouse. C'est la*
« *première fois depuis 1830* que le jury toulousain
« condamne une feuille carliste. »

« En trois ans, disait M. Anselme Petetin, j'eus treize
« procès. J'en gagnai douze ; j'en perdis un par une méprise
« de récusation. »

Faut-il, Messieurs, vous rappeler l'histoire des procès de presse depuis la loi de 1881 ?

Faut-il vous rappeler ces articles injurieux et diffamatoires, ces épithètes les plus infamantes accolées aux noms de tous nos ministres, les appels à la guerre civile, les provocations au vol qui, chaque jour, s'échappent des feuilles anarchistes et vont semer dans le peuple leurs enseignements malsains? Faut-il vous rappeler que ces détestables procédés de polémique ont amené bien des journalistes sur les bancs de la Cour d'Assises et que la plupart en sont sortis la tête haute, solennellement autorisés à continuer leurs déplorables campagnes ?

(1) Numéro du 25 octobre.
(2) Numéro du 26 juillet.

Je pourrais vous citer cent procès de ce genre, aux conclusions toujours semblables. Je ne le ferai pas cependant. Votre souvenir est vivant encore, et puis, ces procès sont trop récents et trop politiques. Je veux cependant vous rappeler une de ces poursuites. Elle est si caractéristique, elle porte en elle de si précieux enseignements que ma conscience ne me permet pas de la laisser dans l'ombre.

Il vous souvient encore d'un bruyant procès politique qui eut, il y a quelques mois à peine, un immense retentissement dans toute l'Europe. Un magistrat fut chargé de soutenir l'accusation devant les juges qu'on avait donnés aux accusés. Qu'en cela il fit bien ou qu'il fit mal, il ne m'appartient pas de le dire ; la postérité jugera. Mais ce magistrat remplissait les devoirs de son état ; il était donc désigné aux coups des journaux qui soutenaient les accusés. Quels procédés de discussions on employa à son égard, de quelles injures on l'accabla, de quelles infamies on le couvrit, l'esprit vraiment ne le concevrait point si ce n'était l'histoire d'hier. L'homme privé et le magistrat, également frappés, crurent qu'ils trouveraient dans la justice de leur pays un impartial défenseur. Quelques journaux furent déférés à la Cour d'Assises, qui l'avaient tour à tour traité de menteur, de voleur et de prostituée. Que fit le Jury ? Il acquitta !.....

Et cependant l'évidence était matérielle. Quoi qu'on puisse penser d'un homme et du rôle politique qu'il a pu jouer, il n'est pas permis — ou mes idées sont bien étranges — de dire de lui, qu'officier, il faillit, pendant la guerre, à tous ses devoirs, qu'il fut lâche et qu'il fut misérable, et la loi de 1881, dans son immense douceur pour les journalistes, ne va pas jusqu'à leur permettre cependant de traiter un homme... et pourquoi, Messieurs, ne répéterais-je pas le mot, quelque ignoble qu'il soit ? N'ai-je pas le devoir de tout vous dire puisque je veux faire œuvre sérieuse et utile ?... de traiter un homme de *paquet d'écrouelles* !

Oui ! le jury a acquitté ! Oui, le jury, cette justice égale pour tous, cette justice à laquelle, dit-on, tous les citoyens peuvent confier leur honneur et leur vie, le jury, cette institution admirable et parfaite entre toutes, le Jury a acquitté ! Ah ! Messieurs, est-ce que vos consciences ne se révoltent pas contre une telle infâmie ? Est-ce que cela n'est pas horrible ? Est-ce que cela n'est pas monstrueux ? Ne croit-on pas rêver, quand on rappelle de tels faits et n'est-on pas tenté de crier à l'histoire, cet irrécusable témoin cependant : Non, cela n'est pas ! Tu mens ! Cela ne peut pas être la vérité !

Et cela est cependant. Nous sommes ainsi livrés, pieds et poings liés, à quelques journalistes, véritables condottieri de la plume, qui s'embusquent derrière leurs feuilles comme les bandits dans leurs maquis ! Ils nous tiennent sous leurs talons. Notre honneur leur appartient. Ils en peuvent jouer au gré de leur infamie, le salir affreusement, si bon leur semble, faire de nous la risée de tout un pays, calomnier tous nos actes, et cela sans que la juridiction, à laquelle nous adresse la loi, ait d'autre envie que d'applaudir à notre honte et de consacrer notre déshonneur !

*
* *

Mais, dit-on encore, les délits de presse sont le plus souvent des délits politiques. Le jury seul peut donc en connaître, car le jury représente l'opinion publique.

Je ne m'attarderai pas, Messieurs, à discuter cette théorie très en faveur que le jury, c'est le pays, c'est la juridiction du pays. Je ne vous dirai pas avec Monsieur Thiers que « les partis aiment à créer de grands mots pédan- « tesques avec lesquels ils veulent écraser la vérité. » Cela sortirait assurément du cadre de cette étude. — Non, je veux bien croire que le jury reflète exactement et toujours l'opinion du pays. Soit, cela est vrai, si vous le voulez, mais que m'importe en vérité ! — Le jury est-il chargé de faire la loi, ou bien de l'appliquer tout simplement ? Voilà toute la question.

Une loi existe; elle prohibe tel fait déterminé; elle le réprime et le punit. Est-ce le rôle du jury de dire : « Malgré la loi, je déclare que ce fait ne doit pas être puni. Je n'ignore pas les dispositions de la loi, et cependant j'acquitte, parce que telle est ma volonté ! » N'est-ce pas là, Messieurs, le contraire de toute justice, n'est-ce pas l'arbitraire le plus absolu, le règne du bon plaisir, avec toutes ses inconséquences et tout son odieux ?

Et cependant telle est habituellement la conduite du jury. Le jury se considère comme bien au-dessus de la loi. La loi est lettre morte; elle n'existe pas en dehors de l'opinion ou des caprices du jury.

Cela est-il supportable, Messieurs ? — Les journalistes se réclament du jury parce que, disent-il, seul le jury peut être impartial ! Est-ce donc être impartial que violer la loi même ?

Si donc, Messieurs, vous voulez que le journal soit responsable de ses actes, si vous voulez que la volonté du législateur soit respectée et obéie, si vous ne désirez pas placer le journal au-dessus du droit qui régit tous les citoyens et lui donner l'intolérable privilège de l'impunité, il faut abandonner le jury, et revenir aux tribunaux correctionnels.

*
* *

Le Tribunal correctionnel ?... Ah ! je sais bien, Messieurs, tout ce que l'on a dit contre lui en ces matières. Mais, je me hâte de l'ajouter, je ne suis pas embarrassé pour répondre aux argument de ses adversaires.

Le tribunal correctionnel, dit-on, est placé sous la main du gouvernement ; il en est l'émanation même. Quelle justice et quelle impartialité en attendre ? Il s'inclinera toujours devant les désirs, les aspirations, les besoins du gouvernement. La liberté et l'honneur du journaliste, ennemi du gouvernement, seront livrés au despotisme de ce dernier puisque la magistrature lui appartient.

Certes, Messieurs, je ne ferai pas aux magistrats français l'outrage d'essayer de démontrer de quel esprit de justice et d'impartialité toutes leurs décisions sont pleines. Je ne vous dirai pas à quelle hauteur, la sagesse et la science de notre magistrature l'ont élevée. Ce serait lui faire injure, je le répète ; ce serait vous faire injure à vous-mêmes qui, la pratiquant, la respectez et l'aimez.

Ne suffit-il pas, pour répondre aux partisans du jury, de rappeler que tous les citoyens sont soumis à cette juridiction si méconnue par ceux-ci ? En quoi, je vous le demande, sommes-nous si inférieurs aux journalistes que la juridiction qui n'est point bonne pour eux doive nous suffire, à nous-mêmes ? Et quoi ! notre honneur ne vaudrait pas le leur ? Notre liberté ne serait pas chose aussi respectable que la leur? Nos intérêts pécuniaires ne seraient pas aussi intéressants que les leurs? Et cependant, c'est le Tribunal correctionnel qui nous jugera; c'est le tribunal correctionnel qui connaîtra de nos actes; c'est le tribunal correctionnel qui nous punira, dans les limites que la loi a tracées. Nos intérêts civils, n'est-ce pas encore cette magistrature si calomniée qui les règlera?

Une loi n'est bonne, elle n'est équitable, elle ne peut être supportée, que si elle est égale pour tous. Qu'est-ce donc cette loi qui crée ainsi une situation privilégiée à une portion infime du pays, sous le prétexte que cette minorité tient une plume et possède un journal?

Mais je veux encore supposer que la magistrature n'est point ce qu'elle est en réalité. Je veux encore supposer qu'elle est si indignement respectueuse des volontés du gouvernement, et si soucieuse de ses propres intérêts, qu'elle obéira à ses chefs et s'inclinera devant eux au point d'oublier les lois imprescriptibles de la justice. Dans le duel qui s'engagera, devant l'opinion, entre elle et le journal, qui donc, si ce n'est ce dernier, sera le vainqueur? Croyez-vous qu'un gouvernement qui demanderait à la magistrature, non point des arrêts, mais d'indignes services, résisterait longtemps à l'irrésistible pression de l'opinion? Est-ce qu'il serait égal, je vous le demande, ce combat dont le public serait juge et ne tournerait-il pas, rapidement et sûrement, à l'avantage du journal qui tient en son pouvoir les mille voix de la renommée?

***

Je ne sais, Messieurs, si j'ai été assez heureux jusqu'ici pour vous exposer clairement les divers points du grave problème qui préoccupe en ce moment l'opinion publique et s'agitera dans quelques jours, sans doute, au sein même du Parlement. Mais si j'ai réussi à faire la lumière sur les multiples côtés de cette question, si fertile en controverses, de la liberté de la presse, ma tâche sera désormais facile. Si, en effet, vous avez bien voulu me prêter quelque attention et suppléer vous-mêmes à l'insuffisance de mes paroles, le chemin est désormais débarrassé des obstacles qui le rendaient, au premier abord, impraticable. Vous reconnaîtrez que la loi de 1881 doit être refondue dans ses dispositions essentielles, car l'intérêt du pays, son honneur, sa vie même exigent qu'une situation intolérable cesse à tout jamais.

Mais dans quel sens une réforme doit-elle être entreprise ? Cette réforme doit-elle nous ramener en arrière, c'est-à-dire limiter de nouveau la liberté du journal ? Paraît-il utile, au contraire, de faire un nouveau pas en avant ? Il me semble, pour ma part, que c'est dans un juste milieu que l'on trouvera la vérité et la justice.

Le journal doit être libre, absolument libre, voilà un des côtés de la solution. Mais cette liberté doit être sévèrement limitée; les abus doivent être sévèrement et utilement réprimés, voilà l'autre côté de la solution. En un mot, il faut accorder au journal les droits les plus illimités, mais il faut empêcher absolument l'abus de ces droits. Le journaliste doit se trouver dans la situation de tous les citoyens, ni au-dessus, ni au-dessous de la loi. La loi ne doit pas être faite pour lui; elle ne doit pas non plus être faite contre lui.

C'est en s'inspirant de ces principes, si sages vraiment qu'on n'en comprend pas la discussion, qu'un projet de loi vient d'être déposé à la Chambre des Députés.

Le 21 novembre dernier, M. Joseph Reinach, député des Basses-Alpes et directeur de la *République Française*, soumettait au Parlement un projet de loi qui avait déjà soulevé, dans la presse, des controverses ardentes. Dans un exposé de motifs, fortement pensé et très bien écrit, M. Reinach démontrait, comme j'ai essayé de le faire moi-même, l'insuffisance des lois existantes contre l'injure et la diffamation. Il rappelait le débordement de calomnies et d'outrages qui déshonorent la presse contemporaine et concluait que « la loi qui tolère de pareilles mœurs, qui « provoque à de pareils abus, ne saurait être compatible « avec les conditions d'une société civilisée et policée. »

Et M. Reinach se demande alors de quelle cause découlent ces abus épouvantables que vous connaissez. Cette cause, il la trouve dans les privilèges dont jouissent les journalistes, grâce à la loi de 1881. La conclusion bien naturelle assurément, c'est que ces privilèges doivent disparaître, quoique la liberté la plus absolue doive rester le régime de la presse. « Nous voulons, dit l'honorable député, garder « la liberté de la pensée, qui est le premier des droits; mais « nous refusons de la sacrifier à l'impunité de l'outrage et « de la calomnie. »

Comment réaliser cette sage pensée ? La solution paraît simple et je vous l'indiquais tantôt : rien qui place le journaliste au-dessus des autres citoyens ; rien non plus qui le place dans une situation inférieure. Ce qu'il ne faut pas, c'est une loi pour ou contre la presse ; ce qu'il faut, c'est exaucer le vœu de Royer-Collard. — « Le problème à « résoudre, disait ce dernier, doit satisfaire à deux con- « ditions : premièrement, réaliser la liberté de la presse, « en réprimant l'abus qu'on en peut faire; secondement,

« réprimer l'abus sans que l'abus de la répression détruise « la liberté elle-même. »

D'où la conséquence que le journaliste doit être soumis à la loi qui régit tous les citoyens, c'est-à-dire au *droit commun*.

Voilà, Messieurs, les principes qui ont guidé M. Reinach ; Voyons maintenant l'application qu'il en fait.

Article premier. — Il n'y a pas de délits spéciaux de la presse. Quiconque fait usage de la presse ou de tout autre moyen de publication est responsable selon le droit commun. — Sont considérés comme moyens de publication... etc.

Art. 2e. — Les poursuites dirigées à raison des infractions à la loi commises par l'un des moyens énoncés ci-dessus seront intentées devant les tribunaux de simple police, les tribunaux de police correctionnelle ou la cour d'assises, suivant que ces infractions constituent des contraventions, des délits correctionnels ou des crimes, conformément aux définitions du Code pénal, article 1er.

L'article 463 du Code pénal, sur les circonstances atténuantes, leur est applicable.

Elles donnent lieu, dans tous les cas, à l'application des articles 1382 à 1384 du Code civil, sur la responsabilité civile des faits dommageables.

Art. 3e. — Seront passibles des peines qui constituent la répression des crimes, délits et contraventions, commis avec un instrument quelconque de publication, les personnes qui se seront rendues directement coupables des infractions poursuivies.

Pourront être poursuivis comme complices de l'auteur principal, le Directeur ou le Rédacteur en chef du journal, et, en général, toutes personnes auxquelles l'art. 60 du Code pénal pourrait s'appliquer.

La complicité ne résultera pas du fait seul de posséder, subventionner, gérer, éditer, imprimer, vendre, distribuer ou afficher l'écrit délictueux.

Les propriétaires, les éditeurs, et les imprimeurs des journaux ou écrits quelconques sont solidairement responsables des condamnations pécuniaires prononcées contre les personnes désignées aux paragraphes 1 et 2 du présent article.

Article 4e... sont abrogés, etc.....

*
* *

Voilà donc, Messieurs, du moins dans sa partie essentielle, le projet de loi qui va être discuté par les Chambres. Tous les délits spéciaux de presse disparaissent. Un journaliste ne sera pas puni pour une infraction particulière à la presse; il sera puni pour des infractions que tous les citoyens eussent pu commettre.

Et qu'on ne dise pas, Messieurs, que la théorie de M. Reinach est fausse, parce que les délits de presse étant spéciaux, une loi spéciale doit les régir.

En 1881, à la Tribune de la Chambre des députés, M. Floquet prononçait les paroles que voici : « La presse est un « instrument ou un moyen d'aggravation d'un délit ; elle ne « saurait être la cause constitutive d'un délit. » N'est-ce pas la vérité cela ? Quelles sont les infractions qui peuvent être commises par un journal ? Elles sont peu nombreuses assurément, et lorsqu'on aura indiqué l'injure, la calomnie, la diffamation, l'outrage aux bonnes mœurs et la provocation aux crimes ou délits punis par le Code pénal, on les aura toutes énumérées. Eh ! bien, ces infractions ne sont-elles pas des infractions de droit commun ? Ne sont-ce pas des infractions que, vous ou moi, pouvons commettre sans l'aide d'un journal ? Dès lors, pourquoi une loi particulière ? Si ce sont là des délits de droit commun, appliquez la loi commune.

Lorsqu'un journaliste, dans la feuille à laquelle il collabore, diffame un ministre, se rend-il coupable d'un délit d'un genre tout particulier : non ! il commet un délit dont tout autre citoyen aurait pu se rendre coupable. Au lieu que ce dernier se serait servi de sa parole ou, par exemple, d'une affiche manuscrite, le publiciste s'est servi de son journal. Il y a une différence évidemment, mais cette différence est-elle assez grande, change-t-elle assez profondément la nature du fait délictueux pour qu'une loi particulière doive être appliquée au lieu de la loi qui atteindra les simples particuliers ? Voyez-vous une différence entre le journaliste qui écrit qu'un député est un voleur et le marchand le plus voisin qui affirme publiquement que son concurrent vend à faux poids ? Non, ni au point de vue juridique, ni au point de vue de la simple équité, il n'y a de différence entre les deux cas. L'instrument seul a changé. Le fait répréhensible demeure le même. Et alors pourquoi deux lois différentes ? Pourquoi deux juridictions ? La France, Messieurs, est affamée d'égalité. C'est la grande conquête de la Révolution d'avoir rendu tous les citoyens égaux devant la loi. Et que faites-vous lorsque vous créez une loi spéciale en faveur de la presse ou contre elle, si ce n'est violer cette égalité de tous devant la loi ?

Permettez-moi, Messieurs, une dernière réflexion.

Je vous ai démontré, je crois, que la presse n'était et ne pouvait être que l'instrument d'un délit. Deux délits changeront-ils de nature, parce que l'instrument qui aura servi à les commettre ne sera pas le même ? Deux misérables se sont rendus coupables d'un assassinat. Punirez-vous l'un plus sévèrement que l'autre, parce que celui-ci a usé d'un poignard et celui-là d'un couteau ? Non, évidemment. Peu importe l'instrument. Ce qu'il faut considérer, c'est la criminalité de l'acte, et cela seulement. Or, quelle différence voyez-vous, je le répète, entre la diffamation dont je puis me rendre coupable et la diffamation que commettra un journaliste ? Ne sera-ce pas le même acte ? N'aura-t-il pas le même caractère ?

Il faut donc admettre la théorie de M. Reinach ; la responsabilité du journaliste doit être appréciée selon le droit commun. Et alors l'art. 2 de son projet, le plus important à mes yeux, puisqu'il fixe la juridiction, s'impose à vos convictions d'une inéluctable façon. Et, en effet, moi, simple citoyen, je commets une contravention ; qui en connaîtra ? Le tribunal de simple police. Je commets un délit correctionnel ; quelle juridiction m'en demandera compte ? Le tribunal de police correctionnelle. Enfin, je me rends coupable d'un crime, c'est devant la Cour d'Assises que j'en devrai répondre. Or, de quel nom qualifier l'injure, la calomnie, la diffamation, l'outrage aux bonnes mœurs, la provocation à commettre un délit, si ce n'est du nom de simples délits ?

Ouvrez votre Code, Messieurs, qu'y verrez-vous ? Ce que je viens de vous dire. Qu'y verrez-vous encore ? Que le tribunal correctionnel est, dans ce cas, la seule juridiction compétente !

Et alors, Messieurs, rappelez-vous ce que je vous disais tantôt. C'est l'injure et la diffamation qui sont surtout répréhensibles dans la presse contemporaine. En vertu de la loi nouvelle, le jury cessera de connaître de ces infractions, c'est-à-dire de les laisser impunies. La presse périodique, tout en conservant la liberté la plus large, la plus entière, la plus absolue, sera enfin frappée sévèrement, lorsqu'elle le méritera. Le torrent d'ordures qu'une loi néfaste a fait couler sur ce malheureux pays, sera tari. N'est-ce pas là une solution heureuse entre toutes ? Et ne devons-nous pas aider dans la limite de notre pouvoir, ceux qui essayent de lutter contre l'envahissante puissance d'une presse qui nous a fait tant de mal ?

Mais une loi sur la presse a toujours un caractère politique que je ne puis négliger. En ces matières, on se laisse toujours entraîner par des convictions politiques. Eh ! bien, Messieurs, que ceux-là qui, dans de telles matières, ne considérent pas avant tout l'intérêt supérieur du pays, se rassurent. Le projet de loi que je soumets en ce moment à votre examen n'appartient ni à M. Reinach, ni à son parti. Des hommes, d'opinions bien différentes, l'ont tour à tour soutenu. A ceux qui regrettent le passé, j'ai le devoir de rappeler qu'en 1868, M. Emile Olivier a présenté, avec MM. Maurice Richard et le baron de Janzé, au corps législatif, un amendement à la loi du 11 mai 1868 dont l'article 2 était ainsi conçu :

« Il n'y a plus de délits particuliers de la presse ; toute « personne qui fait usage de la presse, est responsable, selon « la loi commune, de tous les actes auquels elle peut s'ap- « pliquer. En conséquence, les crimes commis par la presse « seront jugés par les Cours d'Assises, les délits par les « tribunaux de police correctionnelle, les contraventions « par les tribunaux de simple police. »

A ceux qui regardent d'un autre côté, pour lesquels M. Olivier n'est pas une autorité suffisante, il est utile aussi de rappeler que, lors de la discussion de la loi de 1881, M. Floquet, MM. de Douville-Maillefeu, Clémenceau, Lockroy, d'autres encore, ont soumis à la Chambre des députés un amendement qui avait pour but de remplacer les articles 24, 25, 26, 27, 28, 29, 37 et 38 du projet de la Commission, par la disposition suivante :

« Article 26. — Il n'y a pas de délits spéciaux de la « presse. Quiconque fait usage de la presse ou de tout autre « moyen de publication est responsable selon le droit « commun. »

***

Aux termes de l'article 2 du projet Reinach, les circonstances atténuantes peuvent toujours être accordées et les infractions de presse donnent lieu, dans tous les cas, à l'application des règles de la responsabilité civile (article 1382 et suivants du Code Civil).

L'article 3 indique, ainsi que vous l'avez vu, les personnes qui peuvent être atteintes par la loi. Seront désormais frappés ceux-là seuls qui se seront rendus coupables des infractions donnant lieu à poursuites, c'est-à-dire les seuls auteurs des articles incriminés.

N'est-ce pas là, Messieurs, une mesure sage à tous les égards ? Que se passe-t-il sous l'empire de la loi de 1881 ? Chaque journal a un gérant — c'est obligatoire — qui le plus souvent, ne possède aucune des qualités nécessaires au journaliste, mais dont l'emploi est de subir les peines corporelles qui pouvaient atteindre la rédaction.

N'est-ce pas, Messieurs, cette facilité donnée aux journalistes de tourner la loi et demeurer impunis, un encouragement à violer la loi ? Comment, je commets un acte coupable, et un autre sera puni ? Je viole une disposition de la loi, et un autre sera condamné ? Le projet de M. Reinach fait disparaître cette dangereuse anomalie. Désormais, l'auteur d'un article coupable sera frappé lui-même. Quelle en sera la conséquence ? Assurément l'écrivain s'abstiendra le plus souvent. Il reculera devant l'emprisonnement qui pourrait être la conséquence de son article. Nous aurons, en un mot, une loi qui non seulement atteindra le véritable coupable, mais encore sera capable d'inspirer cette crainte salutaire qu'on dit être le commencement de la sagesse.

Mais, dit-on, si l'on admet ce système, le journaliste devra toujours signer ses articles ; le pseudonyme ne sera plus possible. Et quand bien même cela serait, Messieurs, quel droit violerait la loi nouvelle ? Pourquoi le journaliste pourrait-il cacher ainsi sa personnalité afin d'attaquer, avec la certitude de l'impunité, ses contemporains ? Ah ! je sais bien que cette disposition pourra gêner, dans une certaine mesure, les débutants. Mais le mal est-il si grand que cela ? N'avons-nous pas assez de journalistes dans ce pays, et quand quelques jeunes gens renonceraient au plaisir de faire connaître au public leur prose le plus souvent inexpérimentée, la France courrait-elle un bien grand danger ? Croyez-vous, Messieurs, que ce désagrément, — si c'en est un, — ne serait pas largement compensé par la modération et la sagesse que la nouvelle loi imposerait aux écrivains ? Croyez-vous que la disparition de ces articles déshonorants même pour le journal qui les publie, et qui ne seraient pas écrits si leurs auteurs étaient contraints d'en prendre franchement la responsabilité, ne sera pas un bien plus grand assurément que cet obstacle apporté à l'éclosion de rares talents ?

Le droit commun étant la base du projet Reinach, la complicité en matière d'infraction de presse doit être réglée par l'article 60 du Code pénal. Le directeur, le rédacteur en chef du journal pourront être poursuivis comme complices de l'auteur principal. Mais leur responsabilité, pas plus que celle du propriétaire, du commanditaire, du gérant, de l'éditeur, de l'imprimeur ne pourra résulter seulement de la qualité des personnes que je viens d'indiquer. La complicité n'existera et ne pourra exister, elle ne pourra être frappée par la loi, que si les conditions exigées par l'article 60 sont réalisées.— Faut-il, Messieurs, s'attarder à démontrer la sagesse de cette disposition ? On n'a jamais critiqué les termes de l'article 60 ; pourquoi la loi pénale, excellente pour de simples particuliers, serait-elle mauvaise, s'agissant de journalistes ?

*
* *

Examinons maintenant les articles du Code pénal que M. Reinach veut faire revivre, en y apportant cependant quelques modifications.

Le député des Basses-Alpes propose de rédiger l'article 102 du Code pénal de la façon suivante : « Quiconque par « l'un des moyens de publication énumérés dans l'article 1er, « aura provoqué à un crime ou à un délit, sera puni : « dans le cas où la provocation aura été suivie d'effet, « comme complice, en application de l'article 60 du Code « pénal ; dans le cas contraire, d'un emprisonnement de six « jours à deux ans et d'une amende de 100 à 3.000 francs. « — Les mêmes peines seront applicables à celui qui, par

« les mêmes moyens, aura provoqué des militaires à la « désobéissance envers leurs chefs ou aux règlements.... »

Cette disposition n'est, Messieurs, que la reproduction des articles 23, 24 et 25 de la loi de 1881. Une seule modification est apportée aux règles anciennes.— La provocation sera toujours punie, même si elle n'a pas été suivie d'effet. La loi de 1881 ne punissait la provocation demeurée sans effet que si elle avait pour but les crimes de meurtre, pillage, incendie ou l'un des crimes contre la sûreté de l'état prévus par les articles 75 à 101 du Code pénal. Pourquoi cette limitation ? Ne suis-je pas aussi coupable d'avoir provoqué au vol que d'avoir provoqué au meurtre et au pillage, d'avoir provoqué à l'escroquerie que d'avoir provoqué à l'espionnage ? — La provocation à commettre une contravention, un crime ou un délit quels qu'ils soient, constitue toujours une provocation à violer la loi. Pourquoi ne pas la punir dans tous les cas ? Ne vaut-il pas mieux et n'est-il pas plus sage qu'une loi prévienne une infraction plutôt que d'avoir à la punir ?

L'article 6, dont voici le texte : « Rédiger comme suit « le paragraphe 1er de l'article 86 du Code pénal : toute « offense commise publiquement envers le chef de l'état est « punie d'un emprisonnement de trois mois à un an et d'une « amende de 500 à 5.000 francs. — L'offense commise « publiquement envers les chefs d'état étrangers et envers « les agents diplomatiques accrédités près du gouvernement « de la République sera punie de la même peine. » reproduit les articles 26, 36 et 37 de la loi de 1881, sauf cependant que l'amende est plus élevée.

M. Reinach veut rédiger l'article 367 du Code pénal de la façon suivante : « La diffamation publique ou, dans le cas

« où la preuve sera autorisée, la diffamation publique « mensongère est punie d'un emprisonnement de 8 jours à « un an et d'une amende de 100 à 3.000 francs ou de l'une « de ces deux peines seulement, sans préjudice des « dommages-intérêts.

« L'injure publique est punie d'un emprisonnement de « 6 jours à 3 mois et d'une amende de 18 à 500 francs « ou de l'une de ces deux peines seulement.

« Le présent article n'est applicable aux diffamations ou « injures dirigées contre la mémoire des morts, que dans « le cas où l'auteur aurait eu l'intention de porter atteinte « à l'honneur ou à la considération des héritiers vivants. »

C'est encore une reproduction du titre III de la loi de 1881 et cela me dispense d'insister.

Mais dans quel cas la preuve du prétendu fait diffamatoire pourra-t-elle être faite ? L'article 368 du Code pénal, ainsi modifié, l'indique : « Nul ne sera admis à prouver la vérité « des faits diffamatoires ou injurieux, hors le cas où « l'imputation aura été dirigée à raison des faits relatifs à « leur vie publique contre toute personne ayant agi dans « un caractère public ou contre tout corps constitué..... « Lorsque le fait imputé sera prouvé vrai, l'auteur de « l'imputation sera renvoyé des fins de la plainte. » N'est-ce pas là encore une reproduction des dispositions de la loi qui nous régit, avec cette différence seulement que la preuve pourra être faite devant toutes les juridictions ?

L'article 11 propose enfin de rédiger de la façon suivante l'article 287 du Code pénal : « Quiconque aura commis le « délit d'outrage aux bonnes mœurs par un des moyens de « publications énumérés ci-dessus, sera puni d'un « emprisonnement d'un mois à un an, et d'une amende de « 500 à 5.000 francs... »

Les autres articles du projet Reinach, que vous connaissez du reste certainement, n'ont qu'un intérêt très petit dans la discussion que je soutiens. Vous me permettrez, Messieurs, de les passer sous silence pour ne pas abuser davantage d'une attention dont je suis très touché et vous remercie du fond du cœur.

***

Tel est donc, dans ses dispositions essentielles, ce projet de loi qui a soulevé de si violentes colères et de si acerbes critiques.

Il a un double but, celui-là même que je vous indiquais tantôt : Accorder à la presse la liberté la plus large et la plus entière, et assurer en même temps la répression des crimes et des délits de presse, d'une efficace façon.

La liberté est obtenue par la suppression de toute mesure préventive quelle qu'elle soit. La déclaration préalable, le dépôt au parquet, l'obligation de la gérance disparaissent complètement. On pourra désormais, si ce projet est voté par les Chambres, fonder aussi librement un journal qu'une industrie ou un commerce quelconques. Rien ne limite l'expression de la pensée. Le Journal est libre, absolument libre. Aucune disposition de loi particulière ne lui est imposée. Le publiciste est un simple citoyen ; il jouit de tous les droits et de toute l'indépendance du citoyen.

La répression prend un double caractère : d'une part les articles 1382 et suivants du Code civil ; d'autre part, les dispositions du Code pénal, faites pour tous et contre tous. — Comme juridiction enfin, le tribunal de simple police, le tribunal de police correctionnelle et la cour d'assises.

Eh ! bien, Messieurs, si ce projet de loi peut soulever dans les détails, des critiques peut-être justifiées, n'est-il pas, dans son ensemble, dans son principe, dans l'idée qui a présidé à sa naissance, sage, utile, libéral, capable d'assurer le respect de la loi, des droits du public et des droits de l'autorité ? N'assure-t-il pas à la fois et l'indépendance du journal et la répression des abus dont il peut se rendre coupable ? N'est-il pas la conclusion logique et raisonnable des réflexions sans doute trop longues que je vous ai soumises jusqu'ici ?

Et que la presse elle-même ne s'y trompe pas ! La loi de 1881 et les privilèges qu'elle a consacrés seraient la ruine même du journalisme. Depuis quelques années, ce pays a donné des preuves irréfutables d'une sagesse qui ne fait que grandir encore. La continuation des abus qu'autorisait cette loi néfaste de 1881, aurait éloigné le peuple de la presse. C'en serait bientôt fait et de sa puissance et du rôle admirable et grandiose qu'elle peut jouer dans une nation émancipée. « Si nous étions, disait M. Reinach, dans son remarquable « exposé des motifs, si nous pouvions être jamais... les « ennemis de la liberté de la presse, comme nous en accusent ceux qui confondent la liberté de la presse avec la « liberté de la calomnie et de l'injure, nous demanderions « à la Chambre de ne pas toucher à la loi de 1881 ; un « immense courant de dégoût emporterait avant beaucoup « de mois la presse déshonorée et salie. » Mais cela ne doit pas être, Messieurs, cela ne peut pas être. La presse est une partie du patrimoine intellectuel de la France. Il faut la sauver de ses propres abus, l'arracher à ses propres erreurs. Il faut rappeler à ces malheureux qui usent d'elle pour les besoins de leurs rancunes ou de leurs intérêts, à ces valets de la plume qui n'ont ni honneur, ni probité, ni talent, que la presse ne doit pas être l'instrument de leurs infamies. Oui, la presse doit être libre ; oui, la presse doit être respectée ; oui, la presse doit pouvoir remplir l'admirable rôle auquel sa nature même l'a destinée ! Mais il faut en même temps qu'elle se souvienne qu'elle n'est pas au-dessus des lois ; il faut qu'elle se respecte, pour être respectée ; il faut pour être libre, qu'elle soit digne de la liberté.

Peu m'importe, Messieurs, que les Chambres adoptent ou n'adoptent pas le projet de M. Reinach. J'ai, pour l'homme politique qui l'a rédigé, la plus vive sympathie, parce que ses idées sont les miennes et que sa complaisance pour moi a été grande. Mais il me suffirait assurément qu'une loi fût votée, d'où qu'elle vienne, capable de sauver mon pays des calamités dont la presse actueile la menace, et le seul désir qui m'anime, le seul vœu que je forme, c'est que ceux-là qui ont charge de nos destinées, se souviennent de ces éloquentes paroles de Sainte-Beuve : « C'est à nous, bien à nous, notre « gloire et notre plaie que le journal : prenons garde ! C'est « la grande conquête, disions-nous hier ; nous le redisons « aujourd'hui, et — plus mûrs — nous ajoutons : C'est le « grand problème de la civilisation moderne ! »

MONSIEUR LE BATONNIER,

Mon confrère et ami, Me Artaud, vous disait, l'année dernière, combien le jeune barreau était heureux de votre élection au bâtonnat.

Permettez-moi, à mon tour, de vous exprimer les sentiments de respectueuse et profonde affection que nous ont inspirés à tous le charme de votre esprit et les qualités de votre cœur. Pendant cette année qui vient de s'écouler et qui laissera dans mon âme de si doux souvenirs, grâce à l'indulgente affection de mes amis du stage, vous avez dirigé nos travaux avec un dévouement de tous les instants. Vous avez su donner plus de charmes encore à ces séances de la conférence déjà si captivantes par elles-mêmes. En venant parmi nous guider notre inexpérience et faciliter nos premiers pas dans la plus délicate des carrières, vous nous avez apporté toute la distinction de votre talent et aussi les précieux trésors d'une indulgence et d'une bonté que rien ne décourageait. Nous avons trouvé en vous, non seulement un chef éminent devant l'autorité duquel nous nous inclinions toujours volontiers, mais un ami plein d'indulgence pour nos premiers essais, un ami qui nous conseillait et nous aidait de sa grande expérience et savait toujours trouver dans son inépuisable bonté les encouragements dont nous avions si grand besoin.

Le stage vous en remercie du fond du cœur, Monsieur le

bâtonnier, et il gardera un reconnaissant souvenir de l'année qu'il vient de passer auprès de vous.

Messieurs, les mois qui viennent de s'écouler ont été particulièrement douloureux pour le barreau Marseillais. La mort a frappé parmi nous avec une rigueur cruelle. Quatre de nos confrères nous ont été enlevés, qui étaient l'honneur même de notre ordre. Mes Meynier, Blanchard, Barthélemy et Ronchetti avaient eu chacun les honneurs du bâtonnat, récompense méritée de longues années de dévouement, de probité et de talent. Leur vie nous sera un exemple précieux et un modèle que nous nous efforcerons de suivre.

Un d'entr'eux n'est pas mort tout entier ; ses fils sont dans nos rangs, combattant avec nous le bon combat du droit et de la justice. Ils ont hérité des qualités de leur père et l'amitié qui nous unit à eux, adoucit, s'il est possible, la douleur d'avoir perdu le vénéré confrère qui avait voué au jeune barreau, une si sincère et profonde affection.

Hélas ! Messieurs, la mort n'était point encore apaisée ! A peine avais-je clos ces pages, qu'un douloureux devoir m'obligeait à les rouvrir pour adresser un respectueux hommage à trois de nos confrères ravis à leur tour à notre affection ; en moins d'une semaine, le barreau Marseillais avait accompagné à leur demeure dernière, Mes Pellegrin, Estrangin et de la Marche.

Me Pellegrin était un des vétérans de notre ordre. Il avait consacré plus de cinquante ans de sa vie à notre profession. Malgré des succès brillants à la Faculté de Droit d'Aix, malgré les instances faites auprès de lui pour qu'il acceptât une chaire à cette Faculté, il préféra consacrer au barreau de Marseille, sa science de jurisconsulte et sa grande érudition. Ce qu'il fut, ce qu'il valait, est-il utile de le rappeler à ceux qui l'ont connu ? Sa probité exceptionnelle, son inflexible droiture, son admirable bonté, l'aménité de son caractère laisseront parmi nous un impérissable souvenir.

Me Estrangin a occupé, dans notre ordre, une grande place. Fils d'avoué, il suivit d'abord la carrière que son père avait suivie lui-même avec honneur et sut arriver à une enviable situation. Il était en même temps un avocat remarquable. Les affaires commerciales n'avaient point de secrets pour lui et, presque chaque jour, il plaidait à la barre de notre tribunal consulaire. Doué d'une science juridique profonde, d'un grand talent d'orateur, travailleur infatigable, Me Estrangin remporta presque autant de victoires qu'il plaida de procès. Son nom n'est pas, du reste, près de disparaître parmi nous. Trois de ses fils font partie de notre grande famille et vous savez, Messieurs, s'ils ont profité des grands exemples que leur a donnés le vénéré confrère que nous avons perdu.

Me Lecoy de la Marche était entré très tard au barreau. D'abord notaire, puis commissaire de police, c'est à plus de soixante ans qu'il fut inscrit au tableau de notre ordre. Me de la Marche était une de ces personnalités devant lesquelles il faut s'incliner. Les épreuves les plus pénibles avaient attristé sa longue existence, mais il sut opposer à l'adversité un courage à toute épreuve et une énergie que rien n'avait pu abattre. Saluons avec respect, Messieurs, celui qui n'est plus, car il sut, dans le malheur, conserver une dignité, une délicatesse, une probité bien rares, assurément, dans ce siècle !

Mes chers Confrères,

Lorsque je vous remerciais, au mois de juillet, de l'honneur que vous m'avez fait en m'accordant vos suffrages, je ne me doutais pas qu'un évènement se produirait cette année qui rendrait plus grande encore la joie dont vous m'avez comblé, puisqu'il me permettrait de remplir un devoir très doux à mon cœur.

Me Aicard, la conférence des avocats stagiaires n'a pu, dans une circonstance dont le souvenir nous restera toujours, vous exprimer tout le bonheur que lui a causé la distinction dont vous avez été l'objet. Aucun de nous n'avait osé se joindre aux voix éloquentes et autorisées qui vous ont dit les sentiments dont le barreau tout entier est animé. Les raisons qui nous avaient imposé le silence n'existent plus aujourd'hui et mes confrères du stage auraient grande raison de m'en vouloir si je ne vous apportais l'hommage de la respectueuse et profonde admiration de ceux que vous avez quelquefois appelés vos enfants.

Oui, mon cher et vénéré maître, la conférence a été heureuse au-delà de toute expression de l'honneur qui vous a été fait et que vous méritiez depuis si longtemps.

Et qui donc était digne autant que vous de porter cette croix qui brille enfin sur votre poitrine ? Qui donc l'avait gagnée par plus de talent, d'éloquence, de probité, d'honneur, de dévouement professionnel ? Soldat du droit, c'est sur notre champ de bataille à nous autres, avocats, que vous avez gagné la récompense de quarante années de combats pour la justice !

Oui, Mr Aicard, laissez-moi vous le dire encore une fois, nous avons applaudi de toute notre âme à cette distinction qui venait couronner votre admirable existence, et nous avons été d'autant plus profondément émus qu'à notre joie se mêlait un sentiment de légitime fierté. Vous décorer, en effet, n'était-ce pas décorer un peu cette conférence dont vous êtes le père aimé, et que nous serions si heureux d'appeler désormais, la Conférence Aicard ?

ORDRE DES AVOCATS

DE MARSEILLE

Extrait du Registre des Délibérations du Conseil de Discipline.

SÉANCE DU 21 FÉVRIER 1890

Présents : MM[es] De Jessé, bâtonnier ; Jules Roux, Hornbostel, Suchet, Estrangin, Stamaty, Dubernad, Veyan, Car, Roche et Marcel Michel.

Le procès-verbal de la dernière séance est lu et adopté.

La Commission nommée à la dernière séance pour examiner le discours de Me Barnier sur *La Liberté de la Presse*, fait son rapport par l'organe de Me Suchet.

Me Suchet indique que la Commission a rigoureusement écarté de son examen le fond même du sujet et les développements d'une actualité un peu brûlante, auxquels il a contraint l'orateur ; mais que, eu égard aux qualités de forme de ce discours, au soin et à l'importance des recherches dont il témoigne et à sa valeur d'ensemble, la Commission a estimé qu'il y avait lieu de proposer au Conseil d'en voter l'impression aux frais de l'Ordre.

Sur quoi, après en avoir délibéré,

Le Conseil :

Vu le rapport de la Commission et ses conclusions conformes ;

Vu l'Article 13 du Règlement de la Conférence des Avocats stagiaires ;

Décide, à l'unanimité, que le discours de Me Barnier sera imprimé aux frais de l'Ordre.

Le Secrétaire, Signé : Marcel MICHEL.

Le Bâtonnier, Signé : De JESSÉ.

Le Secrétaire par intérim :

Georges ROCHE.

www.ingramcontent.com/pod-product-compliance
Ingram Content Group UK Ltd.
Pitfield, Milton Keynes, MK11 3LW, UK
UKHW021557260726
13993UKWH00002B/888